THE WELFARE STATE

A Very Short Introduction

David Garland

祉国家

代からポスト工業社会へ

ド・ガーランド

小田透 訳

白水社

福祉国家——救貧法の時代からポスト工業社会へ

福祉国家＊目次

装幀＝コバヤシタケシ　組版＝鈴木さゆみ

謝辞

以下の同僚、友人、愛する人びとの寛大な助力と助言に感謝したい。マイク・アドラー、ミシェル・オースティン、ヴァネッサ・バーカー、イヴェッテ・ビソーノ、クレイグ・カルフーン、オスカー・チェイス、トム・ディムス、デイヴィッド・ドニソン、デイヴィッド・ダウンズ、グレートヒェン・フェルテス、エイミー・ガーランド、バーナード・ハーコート、アントン・ヘマーダイク、ヘナー・ヘス、スティーヴン・ホームズ、ダン・ハルスボッシュ、ジム・ジェイコブズ、デイヴィッド・カミン、マイケル・メランゼ、リンジー・パターソン、ロバート・ライナー、マイク・ロウワン、ダン・シャヴィーロ、アナ・スカルペリス。次の人びとにも負うところがある。福祉国家についてのわたしのセミナーを受講し、そのなかで多くのことを教えてくれたニューヨーク大学の博士課程の大学院生、本書の企画案にコメントしてくれた三人の匿名の査読者たち、ニューヨーク大学法学科のフィロメン・ダゴスティーノ・アンド・マックス・E・グリーンバーグ研究基金、オックスフォード出版局の編集者ジェニー・ナジーとアンドレア・キーガン。娘エイミー・ガーランドとカーシャ・ガーランド、妻アン・ジョウェットに本書を捧げる。すべてを可能にしてくれる彼女たちに。

第一章　福祉国家とは何か

福祉国家とは、実のところ、いったい何なのか。本書を手に取っているということは、あなたの暮らす社会には高度に発展した福祉国家が存在し、これまでの人生で幾度となく福祉国家制度のお世話になった経験があるのではないだろうか。賛成か反対かはさておき、あなたは福祉国家について明確な考えを持っており、そうした考えがあなたの投票行為、政治的アイデンティティ、政府にたいする態度に影響を与えている可能性はかなり高いのではないだろうか。先進社会に暮らすわたしたちのような人間は、ほとんど毎日のように、ありとあらゆるかたちで、福祉国家制度とかかわっている。福祉国家政策をめぐっての対立、福祉国家政策の財源となる税金をめぐっての対立は、つねに政治討論の最前線にある。

しかし、このような福祉国家とのかかわりあいにもかかわらず、福祉国家とは何か、福祉国家制度が何をしているか、福祉国家制度がどのような効果を上げているかを正確に説明できるような人はわたしたちのなかにほとんどいないし、ましてや、福祉国家の歴史、福祉国家が取りうる異なった形態について議論できる人ともなれば、その数はさらに少ないだろう。福祉国家はなじみ深いものであるし、ありふれていて面白味のないものですらあるが、その真の性格は依然として捉えにくい。正しい理解だと思っていたものが、虚説に端を発する誤解であるとか、事実としてまかりとおっている虚偽であると判明するのは、よくある話だ。

福祉国家を誤解する方法はいくつかあるが、そのひとつは、福祉国家を過去の遺物とみなすことである。政治評論家は往々にして福祉国家を過去形で語る。まるで福祉国家はもはやわたしたちと何の関係もない歴史上のエピソードであり、戦後の社会的連帯の時代、「大きな政府」の時代はとっくの昔に市場勢力と新自由主義的改革によって抹殺されてしまったかのように。しかし、福祉国家が葬り去られて歴史になったという見方は、現在進行形で続いている衝突と改革のプロセスと、深部で起こっている根本的な構造的変化のプロセスとを、混同している。本書で見ていくように、福祉国家は度重なる攻撃にさらされているし、福祉国家の性格は時を経て変化したが、福祉国家が近代的統治《ガバメント》の根本的な一面であることは変わっていない。福祉国家は終わったという話は誇張もはなはだしい。

福祉国家を誤解する別の方法は、福祉国家を悪魔化することである。つまり、「精神の活力を奪う麻酔」、成長や産業の足手まとい、個人の自由を押し潰す全体主義的な官僚制といった福祉国家像を描き出すことである。このような記述や描写は政治討論につきものだ。たとえば、アメリカの反福祉国家論者は、「社会主義」や「階級戦」といった福祉国家像を描き出すし、トニー・ブレアは、イギリスの福祉歳出を「社会的失敗の請求書」と位置付ける。これらは実

Box 1　福祉国家についての誤った見方を広める

インタビューアー　労働党が福祉国家の党とみなされるのは問題ですか？

エド・ミリバンド　ええ、もちろん問題です。しかし、わたしたちはそのような党ではありません。失業中の人々を代表する党とみなされたくありませんし、そのような党ではありません……わたしたちは労働党なのです。給付金に頼って暮らす人びとの党ではありません。

労働党党首エド・ミリバンド、テレビ中継された選挙討論での発言、2015年4月

証的な主張ではあるものの、本書で見ていくように、ひどく的外れである。

これらの否定的な福祉国家像と関係したまた別のありふれた誤解がある。福祉国家による手広い社会支給を、「貧困層のための福祉」という狭義の捉え方に還元する傾向である。この狭隘な考え方は、福祉国家を、そのなかでも一番不人気でもっとも問題含みな側面（「施し」、「慈善的分配」、「依存」など）と同一視し、福祉受給者を、生産性のない物乞いとして描き出す。しかし、実際の福祉国家はずっと手広くもっと包括的な制度群であり、人口の大多数に支給を行い、貧困層より中間層を優遇し、経済成長や景気にきわめて肯定的なインパクトをもたらしうるものである。にもかかわらず、先に述べたような間違った考え方の影響力は大きい。福祉国家のことをもっとよく知っていてしかるべき人びとのあいだですら、そのような有様である（Ｂｏｘ １）。

本書におけるわたしの望みは、福祉国家をより正確に、より啓発的に描き出すことである。つまり、歴史家、社会学者、比較社会政策研究者の知見にもとづいて、わかりやすく、現実に即した福祉国家解釈を提示することである。わたしの議論は次のようなものになるだろう。福祉国家は、戦後史の一コマとみなしてよいものではない。ラディカルな左派政治でもなければ、貧困層への疑問符付きの施しでもなく、経済の足手まといでもない。そうではなく、近代的統治の根本的な一面とみなされるべきものである。形態の面で違いはあるにせよ、福祉国家は先進社会に例外なく存在するものであり、資本主義経済を社会的にも経済的にも持続可能《サステナブル》なものにするうえで、なくてはならない手段として稼働している。福祉国家が資本主義下の民主主義における常態であること、民主主義を機能させるためには福祉国家が必要であること――社会科学者のあいだでは、これらは実証的に裏付けられた定説である。社会科学のお墨付きを得たこの見解が、そうあってしかるべきほどには広く共有されていないのは、福祉国家に抗う強力な政治勢力が世間の認知を歪めているからである。

「福祉国家」という誤称

福祉国家についての誤解のなかには、その呼称に由来するものがある。福祉国家は「福祉」優先というわけではないし、ましてや貧困層対象の福祉優先ではない。福祉国家とは、社会保険、社会権、社会支給、そして、経済活動の社会的規制にかんするものであり、その主な受益者は、貧困層ではなく、中間層や就業者である。

それに、福祉国家はかならずしも国家や国家制度についてのものではない。なるほど、福祉国家プログラムを法制化し、財源を付けるのは政府であり、大半のプログラムが税制や法的強制力に依存しているというのは正しい。しかし、福祉国家プログラムが提供するサービスや給付の創出にしても、運営にしても、提供にしても、国家公務員がやらなければいけないわけではない。ドイツをはじめとするいくつかのヨーロッパ諸国では、社会保険の運営やソーシャル・サービスの提供は、宗教団体やボランティア組織に委託されている。カナダでは、ヘルスケアの提供は民間で行われ、医療提供者には政府の保険基金から支払われる。アメリカ合衆国では、税金を財源とする相当数の福祉は、高額のヘルスケアや退職年金というかたちで、高給取りの被用者にたいする報酬として、民間企業の内部で、会社経由で分配される。

それに、国家全体を記述するやり方として、「福祉国家」という名称は不適切である。これでは、政府全体が社会支給という課題にかかりきりになっているかのようだ。いかなる近代国家も――戦後イギリスや一九六〇年代のスウェーデンでさえ――福祉国家そのものではない。「福祉国家」という概念を適切に使うなら、その指示対象になるのはせいぜい、ある特定の統治様態と、政府活動の一部をなす特定セクターだけである。国家は福祉以外の目的も追求し、福祉以外の機能も担い、福祉以外の歳出も引き受ける。福祉国家は、そうしたはるかに巨大な国家の一面である。

その一方で、驚くべきことに、工業化された世界で、公的歳出のかなりの部分を吸収する高度な福祉国家装置を持ちあわせていない国家は存在しない。福祉国家レジームはきわめて多様な形態を取るし、給付の手広さや手厚さには幅がある。しかし、福祉国家の存在はあらゆる先進社会の特徴である。これは重大な意義を持つ社会的事実だ。

福祉国家の名称はつねに問題含みだった。「福祉国家」という言い回しが初めて広く一般に使われ始めるようになった一九五〇、六〇年代、この名称が記述しようとした当の制度ともっとも深くかかわっていた層が、この言い回しをもっとも毛嫌いした。ウィリアム・ベヴァリッジは、社会改革や行政にたずさわり、一般にイギリス福祉国家の父と目される人物だが、「福祉国家」という用語を心底嫌っていた。この用語は「ズル」や「サンタクロース国家」を思わせるが、わたしが強調したいのは労働者からの拠出金、自発的努力、個人的責任の重要性であり、両者は相容れない――それがベヴァリッジの反対理由であった。社会権や社会市民権《ソーシャル・シチズンシップ》の現代的概念を提唱した福祉国家の理論家T・H・マーシャルも、この用語を避けた。『シチズンシップと社会的階級』という著名な講義のなかで、マーシャルはただの一度もこの言い回しを使わなかったし、「福祉国家という用語にたいして、わたしは非常に強い嫌悪を募らせてきた」とのちに断言している。戦後イギリスの社会政策を支持し、先導役を務めた学者であるリチャード・ティトマスでさえ、「福祉国家」は悪意のある言い回しであり、社会政策の共鳴者ではなく、その敵対者が使用するものとみなしていた。

ベヴァリッジ、マーシャル、ティトマスは、「福祉国家」という言い回しが、負担にあえぐ国家にたかる不正受給者というイメージを喚起しがちであることを理解していた。これが結局は名称として定着し、賛成派と反対派の双方によって使われるようになっていったということは、このような否定的連想が水面下では残り続け、ふとしたことで簡単に引き合いに出されてしまうということである。もしわたしたちに魔法の杖があり、それを振って言葉を変えることができるとしたら、「社会国家」や「福祉資本主義」について話すほうが的確だろう（それに、そのほうが、イギリス中心的なところが薄まる）。しかし、半世紀にわたって広く使われてきた結果、この言い回しはわたしたちのなかに深く入り込んでいるのではないだろうか。だから、本書は「福祉国家」という言葉を引き続き使っていく。しかし、読者の方々にはご注意いただきたい。

福祉国家とは何か

実際の福祉国家は、福祉国家を持つ国ごとに異なっている。社会民主主義国スウェーデンの拡張的で平等主義的な福祉国家と、アメリカ合衆国に存在するミニマリズム的で市場志向の強い福祉国家とのあいだには、際立ったコントラストがある。しかし、スウェーデンの福祉国家にしても、通常同じグループに入れられる近隣の北欧諸国を含むその他の社会民主主義国の福祉国家とは、いろいろと重要なかたちで異なっている。アメリカの福祉国家制度は、カナダ、オーストラリア、ニュージーランドとはかなり異なるが、普通これらの国々は「自由主義的《リベラル》」福祉レジームとひとくくりにされている（比較社会政策の文脈で使われる「自由主義的」は、「市場志向的」の意味である。混乱させられることに、アメリカ政治における用法はこれとほとんど真逆で、「リベラル」は「積極的な市場介入を行う政府を支持する」を意味するようになってきた経緯がある〔本訳書では、「自由主義的」を「市場志向的」、「リベラル」を「積極的な市場介入を行う政府を支持する」の意味で使う〕）。アメリカの福祉国家は、その内部でも異なっており、五〇の州、無数の市政が、それぞれの住民のために、異なった政策やサービスを確立している。

福祉国家は時を経て変化してもいる。日々の管理運営レベルであれ、根本的な政策や目標レベルであれ、福祉国家は進化し、改革されている。フランクリン・D・ルーズベルトのニューディール政策によってアメリカの福祉国家は確立された。しかし、FDRの福祉国家は、ジョンソンの「偉大な社会《グレイト・ソサエティ》」改革によって修正、拡大され、その後、クリントンの「就労につながる福祉《ウェルフェア・トゥ・ワーク》」立法によって再び作り変えられた。イギリスでも、クレメント・アトリーやナイ・ベヴァンといった戦後労働党政府の指導者たちが創設した福祉国家は、その後の数十年で、大幅に作り直され、改革されてきた。

要するに、福祉国家は、時代によっても、国によっても異なる。しかし、こうした多様性の下には、共有された基盤がある。すなわち、統治権力を行使するさいの特定の様態であり、構想、制度、それらを実践する技術の三つからなる特定の組み合わせである。福祉国家による統治のこの特有の様態こそ、わたしが記述し、説明したいと思っているものである。

わたしがまず論じるのは、統治様態や近代社会の制度的一面としての福祉国家一般であり、具体的な福祉国家政策、プログラム、実践ではない、この点において、わたしのアプローチはやや異例である。福祉国家の実践は、どの国でも、密に織りあげられたネットワークをなし、多くの法律、プログラム、機関が絡み合っている。その一つひとつが専門的に入り組んでおり、それぞれに特有の法制史があり、利益集団による政治的駆け引きがある。学術的議論の大半は、福祉国家全体ではなく、特定のプログラムについてのものである。しかし、議論の的になっている大きな争点を把握しようとするのであれば、そして、福祉国家の総体的なはたらき、福祉国家の体現する価値観、福祉国家の代弁する利害関心を吟味しようとするのであれば、特定のプログラムではなく、それらをピースとする大きな全体像のことをじっくり考えてみる必要がある。福祉国家を独自の現象とみなすことで、すなわち、福祉国家を、独自の特性を備えた近代的統治様態とみなすことで、福祉国家の歴史上の意義、福祉国家が現代社会において果たす役割をわたしたちはよりよく理解できるのである。

福祉国家の三つの捉え方

では、わたしが言及してきた福祉国家とは、正確に言って、いったい何のことなのか。この分野の専門家は、それぞれかなり異なった三つの福祉国家についての捉え方のうちのひとつを用いるのが一般的であるが、どの捉え方も独自の線引きを行い、福祉国家の機能について独自の解説を加える。

第一の捉え方は、福祉国家を、貧困層のための福祉と性格付ける。三つのうちでもっとも狭い捉え方で、福祉国家の反対派に好まれる。この捉え方が着目するのは、福祉国家システムのなかでもっとも問題含みで、もっとも受けが悪い側面、すなわち、資力調査付きの無拠出型の救済金である。アメリカのプログラムでは、貧困家庭一時扶助（ＴＡＮＦ）、フードスタンプ、一般扶助（General Assistance）などがこれに該当し、イギリスに存在するプログラムとしては、所得支援や求職者手当（ＪＳＡ）などがある。この捉え方こそ、アメリカの政治言説のなかで「福祉」や「福祉システム」が批判にさらされるとき毎回のように引き合いに出されるものであり、同じ傾向はイギリスでも強まっている。

第二のアプローチは、社会保険、社会権、ソーシャル・サービスに焦点を当てる。社会政策についての比較研究のほとんどで用いられる分析的アプローチで、政府の社会歳出のほとんどを占める制度が対象となる。アメリカなら社会保障（Social Security）やメディケア、イギリスなら国民保険（National Insurance）や国民保健サービス（ＮＨＳ）である。このアプローチの対象には公教育も含まれる。公教育は福祉国家に先立つ社会支給形態だが、福祉国家の文脈では根本的な社会権になってきた（イギリスでは、現在、政府支出の約二〇パーセントが年金、一八パーセントがヘルスケア、一二パーセントが教育、二〇パーセントがその他の福祉形態に費やされている）。福祉国家の中核をなすこれらの要素は、有権者から長きにわたって好評を集めており、ティーパーティーのような政府の介入に公然と反対する政治運動からさえ支持されている。

第三の捉え方は、経済のマネジメントに加えて、経済のガバナンスがそれぞれの福祉国家で果たす役割を強調する。対象とする範囲は一番広く、一般の議論では一番なじみの薄いものだが、政治経済学者や社会学者が用いる捉え方であり、本書でわたしが展開する分析にとって中心的なものになる。ほかの二つより広い範囲を対象とするこの捉え方は、規制、財政、金融、労働市場についての政府の政策に加えて、市場の形成、成長の促進、雇用の提供、企業や家族の福祉の確保にさいしてそれらの政策が果たす役割を強調する。この側面は、社会政策についての教科書の盲点になっていることが多く、経済学者に委ねられてしまいがちだが、福祉国家政府の特徴としては、根本的かつ継続的なものである。

これら三つの捉え方は、「福祉国家とは何か」の性格描写として、相容れないとみなされるのが普通である。しかし、わたしたちがすべきことは、三つのなかからどれかひとつを選ぶことではない。これらを福祉国家統治の同心円と考え、その一つひとつが、福祉国家統治の全体に構造的に統合される一要素をかたちづくっていると見るべきである。複合体《コンプレックス》の中核には、失業、傷病、高齢、障害などの理由による収入減にたいする保険制度――哲学者ミシェル・フーコーが「安全《セキュリティ》メカニズム」と呼んだもの――がある。これらの保険スキームの運営は国レベルで行われ、国民人口全体に影響を与え、GDPのかなりの部分に相当し、それ自体、経済ガバナンスの一様態である。次に、これらのスキームは、その支払能力にかんして、政府の政策に依存している。税金を引き上げ、雇用を維持し、成長を促進すると同時に、消費を円滑にし、労働市場の柔軟性を向上させ、経済的安定を提供し、景気循環対策のための支出を可能にするのは、政府の政策である。次に、社会保険スキームは、無保険の個人を対象とした非拠出型の「セーフティネット」によって補完されている。これら三つのセクターはそれぞれ、ほかの二つを構造的支柱としなければ、いまあるかたちでは存在できない。それぞれのセクターが、ほかのセクターの存在の条件である。

資本主義経済が、競争的生産と市場交換によって私的利益を生み出すダイナミックな機構《マシーン》だとすれば、福祉国家とは、それが出来上がった後に付け足されたギア、ブレーキ、分配装置《ディストリビューター》のセットであり、その設計精神にあるのは、資本主義という超巨大トラックを、社会的にまだ許容できそうなコースから外れないように操縦していくことである。福祉国家の中核に位置する一連の社会的保護は、資本主義の経済プロセスのうえにかぶさるように重ね置かれており、市場経済の修正と道徳化を行う設計になっている。これらの社会的保護はさまざまな形態を取るし、給与税が財源になることもあれば、一般消費税の場合もあるし、政府の借金も選択肢に入る。これらの社会的保護が、労働者とその家族にとっての保険となり、怪我、病気、失業、高齢がはらむリスクにたいする防壁となる。これらの社会的保護が、個々人に、教育、住宅、ヘルスケア、ソーシャル・サービスにたいする社会権を提供する。これらの社会的保護が、未対応のニーズが出てきたときに、自由裁量の社会扶助のセーフティネットを起動させる。

福祉国家のプラグマティズム

福祉国家は多彩で、複雑で、定義しづらい。福祉国家がやっていることを明確に表現したシンプルな理論はないし、その存在目的を整然と摑まえるシンプルな見方もない。この複雑さや多様性は、福祉国家の擁護派にとって悩みの種でもある。福祉国家のこれまでの競合相手といえば、一方に自由市場の資本主義が、他方に国家社会主義がいるが、ユートピア的理想も、殿堂入りの英雄的弁護人も欠けている点で、福祉国家はそのどちらとも異なる。福祉国家は、革命的理想主義の産物ではなく、漸進的な改革や階級間の連立の産物である。その原理を創り出したのは、幻視的な哲学者ではなく、公務員、社会科学者、政府委員会であり、そうした人びとが熱心に取り組んだのは、妥協をひねり出し、現実的な手筈を整えることだった。ジョン・

ロールズ、ロナルド・ドゥウォーキン、マルサ・ヌスバウム、アマルティア・センのような思想家たちの奮闘はある。社会正義、平等、連帯について、自由をはぐくむポテンシャルを育てていくことの重要性について、これらの思想家たちは力強く主張してきた。にもかかわらず、福祉国家支持論は、心を揺さぶるような理想ではなく、官僚的な処方箋として語られることが圧倒的に多い。

その結果、福祉国家が手放しの熱狂的賛同を受けることはめったにない。妥協と「中庸《ミドル・ウェイ》」の解決策が福祉国家の信条であり、右派左派両方の攻撃にたいして隙を見せてしまう。根治療法的ではなく対症療法的で、完全な成功や大規模な勝利を収めることはめったにない。福祉国家の専門家は、イデオロギー的ではなく官僚的で、大勢の人びととうまくつながることができないし、評価や改革のことしか頭になく、システムのいたらないところを強調するきらいがあり、長所や成果をぼかしてしまう。ところが、福祉国家をこき下ろす側のほうは、いつでも人材豊富で、福祉国家の失敗やコストや限界から世間の注意が逸れないようにすることに余念がない。

福祉国家の批判者たちは、有無を言わせぬ力を持つイデオロギーを利用する。自由市場を支持する自由主義者は、自由の哲学、市場プロセスの賛美、国家権力の批判に、自分たちの提案を基礎付ける。保守主義者は、家族、共同体、慈善的寄付という考えを動員する。社会主義者は、集産主義、平等、社会正義を掲げる。

福祉国家が掲げるものは何か。本書でのちにわかるように、福祉国家の創設者たちの奉じた理念や理想には幅があった。ビスマルクは保守主義者、ベヴァリッジやケインズは自由党員、アトリーやベヴァンは民主的社会主義者、F・D・ルーズベルトは名門出のプラグマティックなポピュリスト、スウェーデンの福祉国家の建設者は労働組合の支持派だった。そのほとんどは、資本主義の公然の敵でもなければ、家族的価値観の徹底的な反対者でもなかった。これらの人びとが福祉国家のために闘ったのは、経済的な不安定状態、不確実性、市場の失敗、家族の瓦解、不潔な住居、資本主義の爪痕である苦難や災難といった度重なる証拠を、悩ましく思ったからである。福祉国家の創造者たちの拠り所は、つねに、ユートピア的幻像でもラディカルな理想でもなく、現実世界の問題の吟味であり、実際的な改善の必要性であった。

福祉国家は、誰それの考える理想的な社会関係ではなく、ダメージを限定的なものにし、問題を解決していく装置《デバイス》である。革新主義者は不平をもらす。福祉国家はあまりにけちけちしているし、あれこれ口出しが多く、説教臭い。富や財のラディカルな再分配の代案としてはお粗末な代物だ、と。保守主義者は主張する。福祉国家は気前がよすぎる。心を入れ替えさせ、生活を改めさせるには力不足だ。進取の気性をむしばみ、受給者を堕落させ、余計な負担を背負いこみ、集めた税金を右から左へとすぐに使ってしまう国家を創り出す、と。福祉受給者は真っ当な稼ぎのある職のほうがいいと力説し、資力調査付きの給付につきものの屈辱に憤慨する。納税者は不平をもらす。働かない奴らのコストを負担するために頑張って働いているのではない、と。各方面からの福祉国家にたいする批判は延々と続いていくだろう。

　このような言い回しを使って福祉を構想すれば、何の福祉も提供しないことが最高の福祉ということになる。もしかりに、市場、家族、コミュニティを、おのずから調和して機能するようなつくりにできるとしたら、福祉国家の提供する解決策はまったく必要ないし、そのような解決策にたいする需要にしても、無に等しいだろう。しかし、市場が失敗し、家族が機能不全に陥り、資本主義が創造的に破壊するこの現実世界では、福祉国家はなくてはならないものにほかならない。

なくてはならない福祉国家

　福祉国家はわたしたちの暮らす世界の根本的特徴であり続けている。二〇〇八年の経済破綻の余波のなか、経済の再生を試みる各国政府は、景気刺激策と緊縮財政政策を代わるがわる実施していった。公共サービスや社会給付の予算削減にたいする反対から人びとが街頭デモに出るようになると、「社会問題」がふたたび政治アジェンダのトップに来た。そして、現代社会において、社会問題――いかにして市場資本主義を規制し、最低限必要な社会保障、社会統合、社会正義を作り出すか――に主に応えるのは、福祉国家である。

　本書が再訪するのは、市場資本主義がつねに提起してきた根深い社会問題である。資本の蓄積と市場プロセスが作り出す無保障、不平等、不安定性の問題だ。そして、七、八〇年前、福祉国家を誕生させる大元となったこれらの問題にたいする政治的対応を再訪する。これらの基本的な問題が、かつてもいまも差し迫ったものであることは、二〇〇〇年代後半から二〇一〇年代前半にかけての世界金融危機や大不況がありありと示したとおりである。しかし、二〇〇八年のグローバル資本主義の危機は、何百万という人びとに大変な不幸をもたらしたものの、一九三〇年代を特徴付けた経済と政治の崩解を生むことはなかったし、民主主義国家に異議を突きつける大衆運動を招くこともなかった。わたしたちがそのような事態を免れた理由のなかでもっとも重要なのは、福祉国家の存在であり、福祉国家の提供する保護である。

一九三〇、四〇年代における経済と政治の破綻は、戦後政府に、次のような決断を促した。福祉国家を国民国家の基盤とすること、この目的の達成を容易にする国際通貨制度を築くことである。これらを実践するなかで政府が創り出した構造は、抑制なき資本主義がもたらす社会的リスクや経済的リスクから大衆労働者を守る設計になっていた。それは、社会正義や連帯という革新的な価値観だけではなく、安定や保障にたいする保守主義寄りの懸念をも体現する構造だった。その制度的構造はいまだにわたしたちと共にあるとはいえ、それがわたしたちの生活のあり方にとってどれほど必要不可欠なものであるかを、わたしたちは簡単に忘れてしまう。福祉国家は、近代の資本主義下の民主主義が依って立つ基盤として、なくてはならないものではないだろうか。しかし、福祉国家をお払い箱にしようとする反対派がそれでひるむことはない。

本書が解説するのは以下の問いである。これらの制度はいかにして出現したか。その後どのような変転を見せたか。現在直面している挑戦は何か。今後どのような様相を見せる可能性が高いか。

第二章　福祉国家以前

福祉国家は、社会＝経済的取り決めと統治様式からなる独自の組み合わせ――一九世紀末の西欧諸国に姿を現し、二〇世紀半ばの数十年で完全に確立された組み合わせである。しかし、集団《コレクティヴ》＝共同的な社会支給は、形態こそ異なるものの、人類史をとおして社会につねに備わっている特性だった。長期的に見れば、福祉国家は、経済活動と社会支給のあいだの絶えざる関係の物語の最新の章である。

自由至上主義《リバタリアニズム》の観点から福祉国家を批判する者たちは、一九世紀の自由放任《レッセ・フェール》の自由市場《フリー・マーケット》の世界をノスタルジックに振り返り、これらの取り決めがあたかも人類の自然条件であるかのような話をする。「自己規制する市場」は自然そのままの状態、「政府による介入」はその大半が不当で反生産的とみなす。しかし、巨視的に歴史を捉えれば、一九世紀のレッセ・フェールの資本主義はきわめて例外的なケースだった。自由市場経済の取り決めは、自然や自発からかけ離れており、無理強いが必要だったのであり、これを確立させたのは、慣習法をくつがえし、伝統的な保護策を脇に追いやり、長年にわたって存続してきた共有財《コモン》への権利を廃止する政府活動であった。

資本主義以前の社会には、他から切り離され、純粋に経済的な損得の論理にのっとって組織される独立した「経済」はなかった。市場交換は、需要と供給の法則によってのみコントロールされるべき取り引きとはみなされなかった。労働力は、労働する人間や労働がなされる社会的文脈とは無関係の売買可能な商品という扱いを受けなかった。そうではなく、生産と交換は、宗教的、道徳的、社会的規則のなかに埋め込まれるとともに、そうした規則によって箍を嵌められていた。そうした規則が搾取を制限し、飢饉や凶作のさいの飢餓にたいする防壁となっていた。

これらの防護策や抑制策を指摘することは、資本主義以前の過去を、相互ケアとサポートのある牧歌的な「古き良《メリー》きイングランド」のようなものとしてロマン化することではない。前近代の社会的取り決めは、公平でも民主的でもなかったし、自由交易、自由市場、自由労働の到来は、商人階級やそれに与する人びとからすると、偏狭な特定利害が支配する世界からの逃走であり、解放であった。しかし、資本主義以前の社会は、世襲の特権や身分の上下を堅持する一方で、つねに次のように力説してもいた。経済活動は社会や道徳の拘束に従うべきである、と。

一九世紀イギリスにおける成熟した市場資本主義の到来は、人類史上初めて、経済的アクターがこれらの社会的制約を振りほどき、国の統治者たちを説得し、集団の福祉を私的蓄積の論理に委ねさせた時となった。レッセ・フェール資本主義の創出は、この点において、経済革命でもあれば社会革命でもあった。つまり、社会的に規制された生産と交換という長きにわたるパターンからのラディカルな離脱だったわけである。経済史家カール・ポランニーが説いたように、福祉国家の形成の先導役となったのは、この革命に対抗して起こった多岐にわたる反応であり、この革命の後に続いた混乱や抗議にたいする反作用だった。

社会的保護が経済プロセスにのしかかり、その流れを妨げる時代は、二〇世紀における福祉国家の創出とともに始まったわけではなかった。束縛なき通商なる自然秩序からの離反についても、同じことが言える。際立って近代的な形態を取ってはいたものの、二〇世紀における福祉国家の創出は、自由市場的資本主義の破壊的な出現によってバラバラにされてしまう前はほとんどいたるところに存在していたパターンの再開にほかならなかった。

福祉の社会的ルーツ

なぜ人間社会は、貧者が飢え、弱者が押しのけられることを許さないのか。利他主義、宗教心、人間的共感が絡んでいることは間違いないが、それ以上に重要なのは、人間の共存という事実であり、この事実から生まれる権力関係である。どのような組織であれ、社会集団は相互依存という結びつきによって共に繫がれている。主人と奴隷、主君と家臣、大屋と店子、雇用者と被用者、国家と臣民、男と女——両者は相互に結びつけられ、相互に依存している。これらの関係が不平等であること、搾取をともなうものであることは確かだが、集団の命運を一蓮托生なかたちで共に結び合わせている。税、労役、軍役を定期的に確実に取り立てるためでしかないとしても、権力を握るエリートは、支配対象の保護、病が振るう猛威や疫病の蔓延の抑え込み、暴動や反乱の予防が、自分たちの利に適うことを学習する。どのような社会集団化のプロセスであれ、そこで進行中の社会的取り決めをつぶさに検証してみれば、一筋縄ではいかないこのようなやり取りや絡み合いが明らかになる。

国を維持せんとする君主たるもの、政体を安全で健康な状態に保っておかなければならない、とマキャヴェリは勧めた。しかし、この抜け目ないルールは、どのコミュニティにも、どの家族にも当てはまる。かよわい子どもは親に依存するが、老いれば親のほうが子に依存することになる。働ける者は、自分が働けなくなったときに面倒を見てもらえることを当てにして、働けない者を扶養する。互酬性は世代を超えて広がる。こうした相互依存のなかで、愛や愛情、連帯感や仲間意識、利他主義や感謝の念といった肯定的な感情が育まれ、社会的にどうしても必要なことを、文化的な道徳観や倫理的な規範に翻訳していく。しかし、利他的な感性には、それ以上に強靭な結束である相互の必要性が絡みついている。

これらのことを考えてみれば、なぜ社会支給にはつねに複数の源泉があり、さまざまな関係ともつれ合っているのかの説明がつく。福祉はつねに「混合経済《ミックスド・エコノミー》」であり、個人や世帯のニーズを充たすのは、血縁集団と共同体、財産と労働、教会とチャリティ、地方政府と中央政府の何かしらの組み合わせである。それぞれの相対的な重要性は社会によって異なるが、混合になっている点は同じであり、それは今日でも、包括的な福祉国家を持つ社会においてさえ、真実であり続けている。

人類学者の記述によれば、部族社会は、贈与や「貢租」を核にして組織されていた。拡大された互酬性のパターンであり、そこでは、交易関係や婚姻関係にある他集団に贈り物が贈られていた。祝宴や誇示のための豪勢な儀式もめずらしくなかった。贈与、受領、返礼からなるこれらの行為は、経済的に重要なものだった。かかわりのある集団の成員への物品の分配だったからである。しかしながら、贈り物は別の機能を果たしてもいた。コネクションや連帯感を築くこと、権力関係や名声を確かにすること、集団を規定しつつ結束させるようなかたちで社会関係の構造を固めるという機能である。

互酬性は、対等な存在のあいだに適応される規則であり、慈善は、上下関係にある存在を結びつける規則である。お返しを期待して与えることは、お返しがすぐ来るにせよ、ある程度先になるにせよ、比較的単純な取り引きだが、贈り物、施し、祝儀を与えることはずっと複雑だ。慈善は、たいていの文化において、懐に余裕のある者の義務である。格上であることをほのめかす、王侯のような風格を見せつける、世論に従う、理想を肯定する、宗教的義務を遵守するといった動機によって補強された社会的責務である。互酬と慈善がかたちづくる社会関係は、あらゆる社会において、社会生活と経済生活を維持し、上下関係を再生産し、集団をまとめあげる機能を担っている。

これらの主題は、古代ギリシャ・ローマや中世ヨーロッパという大きく異なった世界において、明確なかたちをとって表に現れた。裕福な個人、名士、政治的指導者による、自らの街、教会、平民への贈与である。古代ローマにおける「喜捨」制度の命じるところによれば、裕福な個人は、名声、寛大さ、愛国のしるしとして、パンとサーカスだけではなく、記念碑、公共施設、娯楽施設にも寄付するのが当然だった。ローマ文化では貧困層の福祉がとりたてて重要視されていなかったとしても、気前よく与えられるこうした贈り物の恩恵は、貧しい人びとにも、他の市民たちにもおよんでいた。

時代は下り、キリスト教の教会が貧しき人は「祝福されている」と宣言し、チャリティを美徳とすると、施しを与えることはより一般的な社会的要請となり、敬虔な善行の実践は社会階層を越えて広がっていった。中世から近代初期をとおして、教会とそのネットワーク（修道院、施療院、平信徒の友愛団体）は、再分配のための一大機関の役割を果たした。一〇分の一税、諸税、寄付金を集め、収益の一部を貧者に与えたのである。ここでも、与える側と受け取る側のあいだの非互酬的な関係は、精神的なお返しによってバランスが保たれていた。この文脈で言えば、感謝の念、敬意、魂の救済の約束である。似たようなパターンは、ユダヤ教やイスラム世界でも見られる。

援助を与え、他者を扶助し、歓待役を果たすという責務は、きわめて一般的なものだったが、そこには限界もあった。貧しいとしても、他所の出身だったり異教徒だったり、周縁的な存在だったり寄る辺なき存在だったりすると、慈善のおよぶ範囲外に置かれていることに気づくこともめずらしくなかった。それに、そのような取り決めは（ある程度まで）自発的なものだったので、いつ風向きが変わってもおかしくない個人的な好き嫌いに左右されていたし、大規模な災害への対応は容易ではなかった。しかし、にもかかわらず、相互扶助、チャリティ、社会支給は、工業化する以前の社会の必須の特徴であった。

　このような遠い過去の社会の主題は、今日のわたしたちの社会でも相変わらず重要な役割を演じている。もっとも発達した部類に入る福祉国家でさえ、家族内のケアは無償で行われ、友人や隣人は相互に助け合い、ボランティアやフィランスロフィが国家による福祉と並走し、国家による福祉では足りないところをことあるごとに補っている。しかし、かつてなら公然のものであったこれらの実践の諸側面（格上のしるしとしての気前のよさ、聖なる義務としてのチャリティ、支配戦略としてのパンとサーカス、政治的見返り《クイド・プロ・クオ》としての福祉）は、今日でも生き残ってはいるものの、以前と比べると見えづらくなっている。現行の制度の土台のなかに埋もれてしまっているか、さもなければ、そうした実践にたいする世間の態度にときおり見え隠れするばかりである。

拡大する国家の役割

社会支給は公共財であり、社会統合や社会秩序に欠かせない。だからこそ、集団の統治者（長老、首長、宗教的権威筋、または政府役人）に、過不足のない取り決めを作り出すことが委ねられる。保障と福祉のための制度の構築は、中世後期に端を発し近代国民国家の誕生に至る長期的な国家形成プロセスのなかで、中心的な役割を果たした。

早くも一四世紀に、イングランド国家は経済生活の規制に着手していた。黒死病の余波のなか、雇用と供給を安定させる法を導入したのである。歴史家たちが「テューダー朝の統治革命」と呼ぶ一六世紀のプロセスの大部分をなすのは法律であり、それらが制定されたのは、徒弟職や労働を規制し、物乞いや浮浪者をコントロールし、「居住地《セトルメンツ》」の規則を確立し（窮民が帰属する小教区を決定し）、貧困層を働かせ、地方教区をより効果的な救貧事業システムへと組織化するためだった。

これらの法が、中世封建制にさかのぼる慣習法と合わさって、規制と供給のシステムの基礎部分をかたちづくったのであり、その設計精神にあったのは、労働者を飢えさせないこと、それぞれの小教区の貧民や病人がケアを受けられるようにすることだった。土地の使用、労働者の訓練や雇用、借金、契約の形成、市場の挙動――それらすべてに制約や制限が課せられた。

賃金はギルドの規則や徒弟法によって規制され、パンやエールの「適正価格《ジャスト・プライス》」は生活必需品を手ごろな価格で入手できるようにする責任を担う地方の治安判事によって年ごとに定められた。労働者や徒弟は、親方や雇い主の家に食事付きで間借りした。穀物の供給量は、買い占めや買い溜めの防止のために調整された。土地は、私有財産としてではなく、委託管理（借用人に、家畜に草を食ませたり落ち穂を拾い集めたりする権利、共有地への出入り許可、その他の共有権を与える）というかたちで保有された。経済生産、主従関係、市場交換は、道徳的規則、宗教的義務、慣習的責務から織り上げられた構造《ファブリック》のなかに折り込まれていた。すくなからぬ実例が示すように、これらの規範が解体されると、それに続いて暴動が起こり、人びとが抗議行動に出ることもめずらしくなかった。

近代初頭のイングランド国家は、経済的アクターの社会的責務を規則化したばかりか、「救貧法」という名で知られることになる救済事業システムを確立した。一六世紀後半から、議会は宗教機関による施しのシステムを修正し、より一律で世俗的な基盤のうえに旧来のシステムを配置することをもくろむ法律を制定した。旧来の施しの提供元は、地域の教会、修道院、施療院だったが、いまやその配分を担うのは地方政府の役人、すなわち、「貧民の監督者」たる民生委員であり、その財源は小教区の世帯主から徴収された税金だった。窮乏した個人の面倒をみる責任が家族にあることに変わりはなかったものの、親族では背負いきれそうにない場合は、政府の命令で、その土地の小教区が貧困者のケアを引き受けることになった。これらの職務を果たすなかで役人が行ったのは、援助に値する者と値しない者、その土地の人間と余所者との峻別だった。働こうにも働けない者には援助を与え、「身体的には就労可能状態にある」者には援助を拒み、浮浪者をもともとの居住地の小教区に送還したのである。

二〇世紀初頭まで、イギリスにおける救貧事業は地方自治体の管轄だった。しかし、一六世紀以降、国家政府の関与は深まっていった。法の執行の監督、窮乏者のカウントとカテゴリー分けを目的とした国勢調査の確立、貧民就労制度の創出を奨励する法律の制定である。貧民の救済と規制は、近代国家が築かれていく筋道のひとつだった。これはイギリスにも、植民地時代のアメリカにも当てはまることで、のちにアメリカで制定された救貧制度はイギリスの制度に似たものであった。

旧救貧法の終わり

一八世紀末までに、伝統的な保護策は侵食されてボロボロになっていた。その原因となったのは、市場資本主義、都市化、工業化であり、政治経済の新たな捉え方やそこに付随する所有的個人主義だった。新たな経済の提唱者たちは、旧来的な保護と依存の関係に異議を申し立てた。土地、労働、貨幣の商品化を迫るとともに、市場の自由のまえに立ちふさがる制定法や慣習法の廃止を迫ったのである。

旧来の取り決めでは、生産はまずなにより使用のためだった。農業生産者の暮らしは生活の糧と密着しており、世帯のニーズが生産に制限をかけていた。それに比べると、新しい資本主義はダイナミックで、拡大路線で、変わりゆくものだった。工業化が進み、生産の機械化が加速すると、商人たちは交易を阻む障壁を一掃し、自分たちの商品の市場を拡大しようとした。重商主義的な管理、保護主義的な関税、ギルドの特権、徒弟法、適正価格、家父長的温情に基づく支給——資本主義以前の社会の政治経済全体——が、生産、商業、拡大する諸国民の富にたいする無用の妨害物として、全面攻撃にさらされた。

市場資本主義は「道徳経済《モラル・エコノミー》」の失墜を引き起こした。資本主義的発展の論理は、経済プロセスを社会関係や道徳関係のなかに埋め込むのではなく、埋め込まれた状態にある経済活動の解放を迫り、道徳や社会の制約を受けないオープンな自由市場における競争のために経済活動を自由化した。社会的規制は、経済的規制に道を譲ることになった。生産と交換は、社会的責務や地位的特権ではなく、需要と供給によって決定されるようになった。商業は、慣習的な規則や古くからの団体特権ではなく、有用性と私的利得についての個人的計算によってかたちづくられるようになった。新たな社会＝経済秩序では、地位や身分より契約のほうが物を言い、個人主義がコミュニティに取って代わり、「経済」は社会的なものから切り離されてしかるべき自己充足的な領域とみなされた。

資本主義的な営為のおよぶ範囲が拡大していくにつれて、旧来の制度である社会的規制と保護は、廃止されるか、使われないまま遺物となり、その結果、生産と交換を包んでいた社会的な保護膜が剝ぎ取られていった。財産はますます全面的に「私有」となった。契約当事者たちが合意したものなら何でも契約になった。労働、土地、貨幣は、市場が容認する価格ならいくらで売買してもよい自由に交換可能な財になった。資本主義的な企業家や商売人、そのような人びとに味方する中間層の支援者からすると、これは、制限を押しつける政府や特定利益団体の勢力からの自由をもたらす解放であった。家父長的温情主義の地主、農場労働者、小規模の小作人、増大しつつあった賃金労働者階級からすると、経済生活の脱道徳化、脱人間化であった。

家父長的温情主義に基づくイングランド社会の消滅の最終章は、「スピーナムランド」という名で知られる救貧事業システム（この名称は、そのシステムが最初に考案された町の名前に由来する）の興亡に集約されている。スピーナムランドがバークシャーの政務官たちによって導入されたのは、一七九五年、ナポレオン戦争がもたらした飢饉と食糧一揆の時代のことだが、緊急事態が過ぎた後も長きにわたって存続していた。給付金と賃金補助からなるシステムで、賃金が低くパンの値段が高いとき労働者が家族を養えるようにすることを念頭において設計されていた（一七九五年までに食料品はもはや固定価格制ではなくなり、パンやエールの価格を年ごとに定めていた法規は過去のものとなっており、スピーナムランドは、伝統的な取り決めがやったような最低限の生活の確保のための賃金や価格の規制は行わず、直接的な市場管理に頼らないかたちで最低限の生活の保障を試みた）。このシステムの影響はまもなく他の地方にも広がっていったが、大失敗だったというのが衆目の一致するところである。就労中の労働者が給付金を受け取ることができたため、雇用主は賃金を下げるようになり、その結果、労働者の困窮化（救貧事業をつねに必要とする状況に置かれること）を招き、救貧法の財源となる財産税を納めていたその土地の世帯が破産の危機にさらされたのだった。

スピーナムランドは典型例とはいえないし、そのひどい悪影響の多くはまもなく是正された。しかし、新たな市場の時代において、スピーナムランドは、父権的温情主義に基づく支給の倒錯を表す代名詞となった。スピーナムランドがかき立てた怒りは、救貧法廃止の声を焚きつけた。アダム・スミス、デイヴィッド・リカード、トマス・マルサスの考えに依拠していると主張する要求ではあったが、これほど極端な立場を全面的に支持する経済学者はひとりもいなかった。王立調査委員会が一八三二年に立ち上げられ、二年後に報告書を作成し、憂慮すべきレベルにある新たな貧困状態、そのような状況に対処するはずのシステムの無力さを裏付けた。

報告書の徹底的な批判にもかかわらず、旧救貧法は全面的な廃止には至らなかった。どのような政府であれ、それほど極端なところまで突き進むことはできなかった。しかし、一八三四年の改正救貧法は、社会的保護の最小化、市場の自由の最大化に成功した。改正法のもと、救済の支給条件はずっと厳しくなった。新法によって、貧民が伝統的に享受してきた、小教区の

図1　女性食堂、聖パンクラティウス救貧院、ロンドン（1897年）

提供する救済にたいする権利が一掃された。あらゆる「院外扶助」〔救貧院に収容されていない貧民に与えられる援助〕が廃止された。身体的には就労可能状態にある者に与えられていた賃金補助だけではなく、心身衰弱のため働けない者に与えられていた補助までが、衰弱の度合いにかかわらず廃止され、その代わりに「救貧院検査」が導入された。救済の申請希望者は、例外なく、救貧院に入る覚悟が必要になった。救貧院は閉鎖的で規律の厳しい施設であり、そのレジームは、施設外の賃金労働者の最低水準の生活よりも「望ましくない」（魅力的でない）ように設計されていた（図1）。救貧院検査は、困窮を意味する自動的な基準となった。救貧院に入ることを選ぶのは、そうするよりほかに本当にどうしようもない人だけだったからである（Box 2）。

Box 2　新救貧法の諸原理

「全条件のなかの第一にして最も本質的な条件、その原理と矛盾する行いをする者さえ含めて普遍的に認められていると我々がみなす原理とは、［救済を受ける窮民の］状況全般は、実質的にも表面的にも、最下層の独立独歩の労働者の状況とおなじくらい望ましいものにはならない」……そして……「身体的には就労可能な状態にある者ないしはその家族にたいする救済はすべて、その者たちが適切に管理された救貧院にいる場合を除いて……違法の宣告を受け、停止される……。」

救貧法委員会報告書 xxvii（1834）、228、261 頁

レッセ・フェールにたいする反応

一八三四年の新救貧法が体現していたのは、新たに自由化され、慣習的な保護が剝ぎ取られた市場社会だった。労働市場は外部の介入から解放され、賃金や価格は市場プロセスによって定められ、財産税や福祉にたいする公的責任は最小化されることになり、貧民事業は本当の困窮者以外をすべて却下する設計になった。

しかし、このレッセ・フェールのユートピアはたちまちのうちに人間的限界と反社会的帰結に突き当たった。地域の小教区の民生委員に質問状を送った調査委員会は、膨大な数にのぼる受給窮民の存在を発見して愕然とした。しかし、驚くには値しないことであったはずである。しかし一八三〇年代までに、ふたつの歴史上重要なプ

ロセスが貧民の状態を変えて久しかった。（一）資本主義以前の世界の道徳経済《モラル・エコノミー》は崩壊し、それとともに、貧民たちの拠り所であった旧来の社会的保護も崩壊していた。その一方で、（二）産業革命によって、数百万の労働者とその家族の生活は混乱をきたしており、まったく新しい受給窮民階級が生まれていた。一七五〇年から一八五〇年のあいだ、機械化された農業へのシフトが、田舎から都会への大規模な移住に拍車をかけ、都市における商工業の拡大は、移り住んできた農場労働者に働き口を約束したが、そうした仕事は先行きが不確かで不定期だった。田舎の貧民は、共有地の利用や共助のおかげで困窮の時でさえどうにかやりくりして暮らしていけたが、新たな都市労働者は、工業資本主義につきものの周期的失業をしのぐためのよすがとなるものをほとんど持ち合わせていなかった。

工業都市で労働者が耐え忍んだ生活状態は、公衆衛生をおびやかすものであり、文明国を自認する国家の面目を傷つけるものだった。鉱山や工場の状態はさらに劣悪で、男性ばかりか、女性や子どもにも悪影響だった。比較的大きな町や都市にある小教区の救貧院は、市場の景気後退、アイルランド飢饉やランカシャー州の綿産業の崩壊といった出来事のせいで失業状態に陥った大量の労働者にどうにか対処しようとした。これらの切迫した事態をまえにして、救済事業担当の地方役人たちは規則を緩め、院外扶助を与え、公共事業を行った。一八三四年の法律から二〇年が過ぎたとき、受給窮民の五分の四以上が院外扶助を受け取っていた。

一九世紀中盤までに、レッセ・フェール革命は、広範囲におよぶ対抗運動（集産＝集団主義《コレクティヴィズム》の展開や新たな社会的保護）によって異議を突きつけられていた。熟練工たちは、職能別組合、友愛組合、相互扶助団体を結成した。ボランティア活動や私的なフィランスロフィが拡大した。そして、一九世紀末にかけて「結社」を制限する法律の締め付けが緩むと、非熟練労働者たちは自ら組合を組織し、そのようにして得られた新たな力を用いて賃上げを迫った。

イギリス政府は、自由市場という信条を保守していたときでさえ、「例外的な状況」——保護策が必要不可欠で、レッセ・フェール原理を一時中断せざるをえない状況——があることは認めていた。工場、鉱山、鉄道の規制、公教育の提供、公衆衛生の促進など、中央政府の介入が正当化される領域は少なくなかった。市政の介入はその上をいった。清潔な上下水道と下水施設の提供であり、住宅の規制であり、公共洗濯場、図書館、公園の提供であり、自由市場原理の真逆にくる「地方自治社会主義」という形態の創出である。

この歴史的弁証法こそ、ポランニーがそう呼んだことで名高い「二重運動《ダブル・ムーブメント》」である。一方に、レッセ・フェール自由主義の栄光に充ちた力があった。市場の自由、私的利益、最小国家を基盤に持つ新たな社会を築く力である。他方に、広範囲に拡散する反作用があった。非常事態に対応し、市場の失敗を修繕し、資本主義の不可抗力が引き起こす社会的大変動をマネジメントするために行動を起こした、さまざまな権力団体のプラグマティックな集産＝集団主義《コレクティヴィズム》が後押ししたものである。アメリカ合衆国でも似たようなプロセスが展開された。イデオロギー・レベルにおけるレッセ・フェールや市場個人主義にたいするコミットメントは、ローカル・レベルにおける公共福祉諸法や連邦当局が定期的に分け与える大規模な災害救済によって相殺されていた。

その結果はパラドクスに充ちたものだった。一九世紀における個人主義とレッセ・フェールの全盛期は、中央集権化された行政国家と地方自治社会主義の出現を目撃してもいた。一九世紀末までに、社会支給の問題は、対立する二原理の闘争にはまり込んでいた。自由市場的自由主義の論理ｖｓ道徳経済と社会的保護の論理である。それから百年以上が過ぎたが、競合するこれらの二原理は依然としてわたしたちの政治的議論の核心にある。

第三章　福祉国家の誕生

二〇世紀半ばの数十年のあいだ、社会や経済の新たな統治形態が、驚くほどの急ピッチで、先進世界のいたるところで確立された。その萌芽は一八八〇年代のドイツに現れていた。ビスマルク首相が新たな社会保険諸法を制定したときのことである。それから一〇年後、デンマーク、ニュージーランド、オーストラリアの政府は、老齢年金制度を初めて始動させた。一九〇〇年代初頭、イギリスの自由党政府は、労働者補償、老齢年金、職業安定局に加えて、傷病、就労不能、失業のためのプロトタイプ的な国民保険システムを導入した（図2）。

一九三〇年代までに、新たな統治技術は大西洋を越えてアメリカ合衆国にまで及んでいた。大恐慌にたいしてルーズベルト大統領はまず大規模な公共事業プログラムをもって対応し、それに続く対応策となった「ニューディール」立法が、アメリカ型の福祉国家を確立させた。イギリス政府とフランス共和国臨時政府は、第二次世界大戦の最中に野心的な福祉国家計画を公開し、新たな福祉国家は戦後いたるところで拡大し、盤石のものとなった。一九六〇年代までに、すべての先進国が福祉国家制度の核となる部分を持つようになっており、すべての政府が

図2 「希望の夜明け」。疾病と障害にたいする国民保険、自由党出版局(1911年)

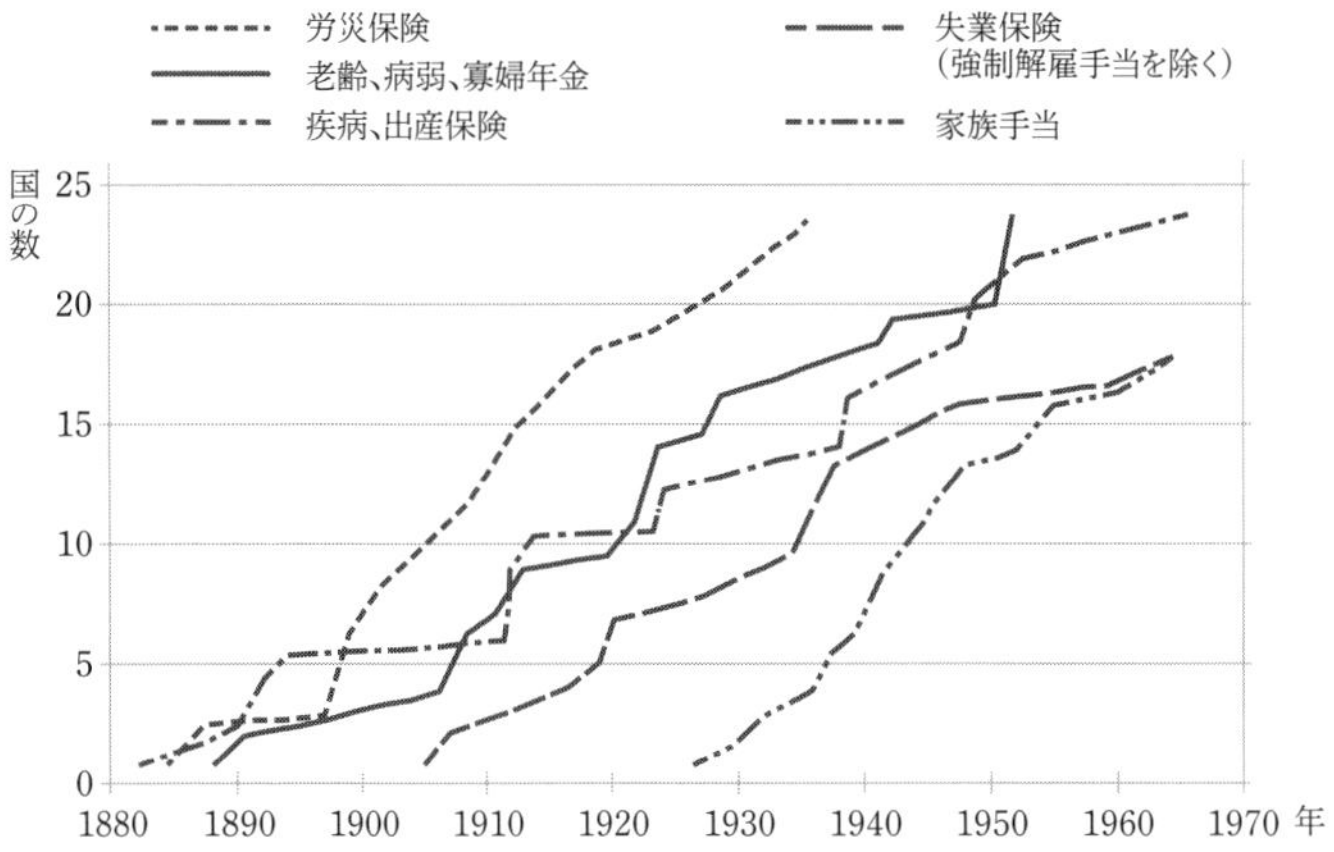

図3　所得保障プログラムの普及

経済をマネジメントする責任を引き受けていた。福祉国家は、あっという間に、「近代社会が持つ巨大な構造的画一性のひとつ」と政治学者ハロルド・ウィレンスキーが評したものになった（図3）。

当然ながら、新たな福祉国家はそれぞれ異なっていた。その異なり方は、各国の社会支給の歴史、宗教的伝統、国家の性格、福祉改革を具体化した政治的連立の反映だった。どの国でも、福祉国家の立法府は独自の歴史をたどってきており、そこに絡み合う付置——改革者、社会運動、政治的妥協、立法が作り出す星座——は異なっていた。しかし、こうした歴史叙述を横断的に眺めてみれば、かすかに見えてくるものがある。先進世界のいたるところで、社会、政治、経済の地形を作り変えていった大規模な歴史的プロセスの存在である。これらの新たな

Box 3　福祉国家はなくてはならないものになる

「いかなる政党であれ、社会保障に失業保険を廃止し、労働諸法と農業支援プログラムを抹消しようとする政党の名を、我が国の政治史のなかで我々が再び耳にするようなことはあるまい。」

共和党大統領アイゼンハワー、1954年

福祉国家は一九六〇年代までにいたるところで確立されたのだが、ひとたび確立されると、あらゆるメインストリームの政党がそれを迎え入れたのだった（Ｂｏｘ３）。

　福祉国家の発展の帰結をこのように一般化して語るには、福祉国家の発展についての一般的説明が必要になる。つまり、この時期の西欧諸国すべてに共通する社会力学と社会状況を、セットにして考える必要がある。そのような説明は、多岐にわたる多面的なものだが、その核心には、シンプルな社会学的真実がある。福祉国家による統治は、都市化、工業化、市場化された社会の問題にたいする機能的な応答として現れたということ、とりわけ、拘束なき市場資本主義が生み出した新たなリスクや無保障にたいする応答であったことである。

　本章が素描するのは、新たな福祉国家を生んだ歴史状況や集団《コレクティヴ》=共同的活動である。この国際的な物語を生き生きと描き出すために、わたしは英米史からの具体例を用いるが、他国の歴史は英米とは異なる福祉国家を生んだことを念頭に置いていただきたい。他国の事例は五章で取り扱う。

工業社会のリスク

二〇世紀の初め、西欧と北米の国々は、工業化、都市化、急速な人口増加が引き起こした混乱——ベヴァリッジが「近代の社会的リスク」と名付けたもの——に対処しようと悪戦苦闘していた。一八七〇年の西ヨーロッパでは、六人に一人が人口二万人以上の町《タウン》に住んでいた。一九一〇年までにその数は倍になった。人口十万人以上の大きな都市《シティ》に暮らす人の数は同時期に三倍になった。アメリカ合衆国では、田舎から都会への移住がすでに始まっていたうえ、ヨーロッパから新たにやってきた大量の移民が、急速に発展する都市に押し寄せた。

町や都市への大規模な移住は、人びとの生き方を変えた。家族は安定を失い、かつての拠り所だったコミュニティとの繋がりを断たれ、漂流が始まった。急速な成長は公共施設やインフラにとって過大な負担となり、地方政府は住宅、交通、衛生、上水道、ヘルスケア、学校教育、救貧事業にたいする要望拡大に対処しようと悪戦苦闘した。これらの問題は貧困層に限ったものではなかった。人口密度の高い都市の成長は新たな相互依存状態を生んだ。貧困層の問題が富裕層の生活に波及するようになったのである。犯罪や感染病といったリスクは金持ちにも貧乏人にも脅威であり、窮乏者のニーズは納税者の負担増として跳ね返ってきた。社会生活は不可避的に共同的なものとなり、その結果、社会問題も、その解決策も、共同的なものとなった。

工業化の問題のなかでもっともしつこく頻発するのは、賃金労働者が周期的にみまわれる雇用不安だった。新たな工場、倉庫、波止場は人びとを都会に引き寄せ、未熟練の移民や移住を余儀なくされた農場労働者に仕事を与えた。都市労働の雇用は往々にして不定期で随意であり、賃金労働者は市場の浮き沈みにさらされた。ロンドンの貧困層を対象とした調査のなかでヘンリー・メイヒューが述べたように、三日雨が続けば三万人が飢え死にしかねなかった。

産業の集中、不定期雇用、好不況のサイクルは、周期的な大規模失業を生み出し、あらゆる層がその影響を受けた。それは、農業における失業ではほとんど起こらなかったことである。頻発する失業の結果、広範囲におよぶ困窮が町や都市に集中することになった。救貧事業に極度の負担がかかり、貧困化する失業者という憂慮すべき「最下層民」が生み出されたのである。

新たな社会勢力

工業社会をかたちづくる歴史的プロセスは、さまざまな社会問題を生んだ。しかし、そのプロセスは、そうした問題を治療するポテンシャルを持つ社会勢力をも生み出した。工業化は、大鉱山や大工場に労働者を集約させ、労働組織の成長を促した。労働組合による連合が最初に現れたのはドイツやイギリスだったが、最終的にはあらゆる先進国に広がった。それに続いて労働党が形成された。一八七〇年前後のドイツを皮切りに、他のヨーロッパ諸国に広がった。

イギリスはそのなかではもっとも遅く、労働党が形成されたのは一九〇〇年のことだった。労働者による新たな組織力は、社会階級間のパワー・バランスをシフトさせ、労働者を代弁する議員たちに新規の影響力を与えた。

組織された労働者が産業や政治を動かす勢力として台頭してきたことで、西欧社会は普通選挙制のほうに押し出されていき、それは回りまわって、経済的保障や再分配的政策にたいする新たな要求を生んだ。二〇世紀半ばまでに、労働運動とその支持者たちからの突き上げは、国から国へと波及し、社会改革を迫り、市民《シチズンシップ》という身分やその権利《エンタイトルメント》をより平等主義的に捉え直すことを求めた。これらのプロセスこそ、民主化は社会権につながると論じたときT・H・マーシャルが言及したものである。これらのプロセスこそ、ある国の福祉国家の強さはその国の労働運動の力と直接的な関係があるという点に注目するときウォルター・コルピのような権力資源《パワー・リソース》の理論家が念頭に置くものである。

社会支給の失敗

福祉国家の創出を促したのは、既存の社会支給システムの失敗だった。一八九〇年代や一九三〇年代の不況はそうした失敗を広く意識させるとともに、それが差し迫った問題であることに気付かせたが、旧来の取り決めが都市の貧困に対処できないことは当事者のあいだではずっ

図4　大恐慌時代のシカゴのスープキッチン（1930年）

と自明のことだった。救貧法を担当する役人も、教会上層部も、チャリティに従事する人びとも、労働者を代弁する議員も、大臣も、システムに問題があることは誰もがそれぞれの立場から理解していた（図4）。貧困度を測定し、貧困層の窮状を記録する文献の増加は、システムにたいするこうした懸念を裏付けた。

根本的な問題は、救貧法と地域のチャリティからなるシステムが、その設計からして、地方社会で機能するものであり、親族ではケアしきれない高齢者、傷病者、病弱者を救済する手段だったことである。このシステムは残余的なものだった。家族によるケアを補完するもの、窮乏して切羽詰まったときの非常手段だった。だから、工業化された都市社会の問題にはまったく不釣り合いだった。

レッセ・フェールの自由主義が政策にたいす

る支配的なアプローチだったあいだ、改革の試みは、旧来のシステムを補強的に支え、その基本原則を維持することを狙いとしていた。時代遅れの考え方をする自由主義者が、ままならない生活にたいする解毒剤として「自助」を強調し続けていたときと似た状況だった。しかし、仕事があまりに低賃金で不定期な場合、貯蓄だけでは失業、傷病、老齢のリスクに対処しきれないことは、社会問題に通じている人間なら誰でも知っていることだった。それに、相互扶助や友愛組合は広範囲に拡がってはいたものの、これらの共同的自助には限界もあった。逆選択になりがちで、日常的に起こる事故や災難にはよくても、非常時にはそれほど効果的ではなかったし、地元産業が壊滅したり、無償で働く組合員が不誠実であるとか能力不足であったりすると、破産に陥りやすかった。

レッセ・フェールの根本原理を維持したままその補修をもくろんだもうひとつの改革は、チャリティに基づく施与にたいする「科学的」アプローチだった。その草分け的団体となる慈善《チャリティ》組織協会（ＣＯＳ）は、一八六九年にロンドンで設立され、ほどなくして英米各地の都市に広がっていった。科学的チャリティが強調したのは、分類の必要性——チャリティを受けるに値する者と値しない者を注意深く区別すること——であり、個別訪問や矯正をめざすケースワークの重要性だった。「無差別の施し」の悪弊がとりわけ槍玉にあげられた。ＣＯＳによれば、それは、物乞い的な貧困層を道徳的に堕落させる一方で、貧困層の数を増大させる行為であった。

訓練を積んだケースワーカーによる矯正を目的とした介入を重視するこのやり方は、のちに、福祉国家の内部で発達するソーシャルワーク職の代名詞的なものになっていくが、一九世紀の文脈では、ＣＯＳのアプローチは、その対象となる問題とまったくかみ合っていなかった。ＣＯＳは救貧法の救貧院の方針を共有していたが、救貧院と同じ問題を抱えていた。ニーズの量に圧倒され、科学的チャリティの試みは定期的になし崩しにされた。それに、厳格なＣＯＳの職員は、救貧院やそのお墨付きとなる受給レベルの困窮認定と同じく、助けようとした相手に心底嫌われていた。

一八九〇年代までにますます明らかになっていったことがある。貧困状態にある人びとの大部分は、自業自得で貧困に陥ったのではなく、不定期雇用や最低生活水準の賃金によって窮乏させられたという点だ。貧困に付きまとっていた非難の影が晴れると、救貧法やＣＯＳの厳格主義はますます疑義に付されるようになった。工業社会の問題を前にして、既存の解決策はその構造的な過失をさらけ出したし、その運営規模は的を外していた。旧来的なチャリティは、強力な共同体と土地の共同利用を前提とする田舎の父権的温情主義と一緒に稼働していたのだった。そうした前提はいまやどちらも過去のものだった。一八三四年の新救貧法の原理的な主張によれば、身体的に就労可能状態にある者は、本人が望むかぎり、生活を維持できる仕事をいつでも見つけることができるとのことだった。それはもはや信用できないドグマだった。フィランスロフィは散発的で、一律に利用可能ではなかった。支援を必要とする人びとの数と施与の配置がかみ合わないこともめずらしくなかった。チャリティに基づく施しは、危機が起こると、たちまち底をついた。

公的なものも私的なものも、救済事業は伝統的に地域レベルで組織されていた。人びとは互いに顔見知りで、共同体ぐるみでその成員の面倒を見ていた。しかし、一九〇九年の救貧法報告書は次のように述べている。労働市場や失業はますます全国規模の現象になってきており、全国規模の機関のほうが適切に対処できるだろう。報告書が提案したのは、新たな労働省のような国家規模の機関だった。問題の規模が拡大するにつれて、それに見合う充分な解決策を提示できるのは、国家政府だけになっていった。地域での救済事業、民間のチャリティ、個々人の気質の改善の試みは、最終的には、国家的な取り決めに取って代わられ、その組織化も、資金繰りも、構造的な問題に適切なレベルで対処することを目指して設計された技術を用いる国家が担うようになっていく。

アクションを起こすための新たなレシピ

古い取り決めがよろめき、ふらついているのが目の当たりにされるとき、新しい考えがさっと姿を現すものである。一八八〇、九〇年代から、イギリスではT・H・グリーンやL・T・ホブハウス、アメリカではレスター・フランク・ウォードなどの思想家が、政治的リベラリズムの教義の練り直しを始めた。より積極的な国家観を提唱し、社会政策と経済政策の関係を捉

Box 4　社会保険——人類に奉仕する新たな力

「保険問題の研究には昂揚させられる。人類の奉仕に捧げられてきた力を新たに高め練り上げているという感覚があるからだ……われわれは、平均の奇跡を、無数の人々のために役立てるのである。」

（ウィンストン・チャーチル、1911年の国民保険の立法化に際して）

え直そうとしたのである。自由や市民権についての拡張的な考え方、権利や正義のより社会的な捉え方、経済プロセスについての新たな知見、社会保障という強力な新技術（Ｂｏｘ４）はすべて、この時期に形成された。そのどれもが、レッセ・フェールの失敗を踏まえており、失敗したものに取って代わる可能性を秘めた制度を構想するものであった。

この「新《ニュー》たなリベラリズム」は、同時期にアメリカで始まった革新主義《プログレッシヴ》運動と同じく、次のように力説した。個人の自由を育成する最良の方法は、それぞれのやりたいように任せることではなく、本当の意味で自律的にふるまうために必要な教育、福祉、保障を確保することである、と。社会帝国主義や優生学を奉じる論者は、都市居住者や新兵の「退化した」状態に当惑させられ、次のように力説した。人口の健康状態は、国の経済的成功と軍事的成功にとって死活問題であり、単なる偶然にも市場の力にも委ねられるべきではない、と。社会主義思想は、革命派も穏健派もともに、ヨーロッパ各国で新たな支持者を勝ち得ていた。革命派は、労働組合や社会民主党のなかで強い支持を集め、穏健派、たとえばイギリスで（そして短期間ながらアメリカでも）栄えたフェビアン協会は、資本主義の病理にたいする治療法として、漸進的な集団《コレクティヴ》＝共同行動を強く勧めた。

これらの知的潮流は互いに異なっていたし、アピールした層も異なっていた。しかし、そこで共有されているものがあった。一九世紀の自由主義の核心にあるレッセ・フェールと地方主導主義という着想はもはや現実的に有効ではない、という確信である。ヴィクトリア朝時代、町や都市の問題の解決に当たったのは地方政府であり、バーミンガムやマンチェスターのようなところは「ガスと水の社会主義」を、シカゴやボストンは「マシーン政治」による福祉を創り出すことで、問題に対応したのだった。二〇世紀になると、そのような要請の矛先はますます国家（ないしは連邦政府）に向けられるようになっていった。

国家の能力

福祉国家は社会運営装置であり、この装置をとおして、国家はある程度まで社会プロセスと経済プロセスのコントロールを引き受ける。二〇世紀初頭までに、この種の活動を効果的に行うために必要な国家の能力や実行力が、大部分の先進国で姿を見せ始めていた。ふたつの世界大戦が終わるころには、盤石のものになりつつあった。

イギリスでは、国家権力は一六世紀以降ゆっくりと成長していったが、一九世紀のあいだに急激なうねりが起こった。工業社会の問題が、国家政府の担うべきものとみなされるようになってきたときのことである。工場、鉱山、児童労働、公衆衛生、監獄と、つぎからつぎへと、新たに明るみに出された何かしらの社会的害悪にたいして世間が上げた抗議の叫びにせきたてられて、政府は調査に乗り出した。こうした取り調べによって問題はますます耳目に触れるようになり、さらなる公的措置を求める声が出てきた。しばらくすると、役人はスペシャリスト的な知見を広げ、基準を定め、監査団体を創立し、最終的には、この問題のマネジメントを受け持つ新たな国家部局（衛生局、工場検査団、救貧法委員会、監獄委員会など）を設立した。

一八七〇年代までに、イギリス政府は、窮民を保護し、女性や子どもの雇用を制限し、学校、矯正院、監獄、警官隊にたいする資金供給と管理監督を受け持ち、義務的な予防接種を実施していた。自治都市の地方議会はそれ以上のことをしていた。レッセ・フェール原理や、歳出を最小限に押さえようとする大蔵省の尽力にもかかわらず、ヴィクトリア朝時代の国家はすでに、積極的介入を行う社会政策国家だった。アメリカでは、公的福祉制度が都市や都会とともに成長し、多岐にわたる国家装置を地方レベルで組み立てていった。だからこそ、連邦政府の取り決めが国家権力の成長を遅らせてはいたものの（少なくともニューディール時代までは）、アメリカ政府は、国是である自由主義やレッセ・フェールと合致しない新たな権力や実行力を蓄えてもいたのだった。

二〇世紀前半までに、先進世界の各国政府は、社会保険、所得税、老齢年金、児童福祉諸法を制定していた。新たな行政ネットワークを創り出し、中央国家を人口全体と結び付けるとともに、個々の労働者、企業、家庭とも結び付けたのである。福祉国家の土台である財政や行政における新機軸の多くは、一九三〇年代までに試験的に導入されており、国家公務員はそれらを運営する能力があることを証明してみせていた。ふたつの世界大戦の経験は、一九四〇年代までに、国家による規制、計画、それから、供給や生産にたいする指揮のおよぶ範囲を大幅に拡大させていた。人口を動員し、経済を回す政府の手腕が、実地で示されたのである。

これらの展開は、国家活動の持つ力にたいする実感を高めるとともに、それは好ましことだという新たな信念を生んだ。戦時政府は経済をマネジメントし、非常事態に応えるサービスを創り出し、公共心の形成に積極的にかかわった。一九四五年以降、公務員や政府大臣は計画を練り始めた。どうすれば、これらの多岐にわたる統治権力を、平時に作動させるようなことができるだろうか、と。

触媒作用を持つ出来事

主要な制度上の変化——たとえば新たな統治様態の出現——は、ごくまれな出来事であり、一般的に、危機や分裂の後に起こるものである。事実、福祉国家の出現を促したのは、構造改革が可能なばかりか必要不可欠であると思わせるただならぬ出来事だった。

国際貿易が破綻し、大規模失業、天井知らずのインフレーション、ラディカルな政治運動を生み出したのは、一八九〇年代の経済不況が最初だが、それ以上に決定的だったのは、一九二九年のウォール街の大暴落の後のことである。一九三〇年代、民主主義政府の瓦解は、ファシズム体制やナチ体制を招き入れ、共産主義運動の訴求力を広め、ヨーロッパを焦土と化す六年の大火を燃え上がらせた。一九一八年、戦勝国は早々に戦前の経済政策に逆戻りした。自由主義、金本位制、最小限の公的支出という既定路線を再建したのである。一九四五年までに、これらの既定路線にたいする信用は完全に失われた。一九三〇年代の経済の瓦解、そしてその後の血なまぐさい大混乱の後では、レッセ・フェールに信頼を寄せる者はほとんどおらず、どの国の政治家も、市場の安定化と完全雇用の確保の必要性を受け入れた。資本家にしても、コーポラティズム的な協定を結び、経済のマネジメントを強化することの利点は認めたし、ブレトン・ウッズで確立された新たな通貨と資本管理システムについても同意を示した。

これらの時期に起こった出来事は、労働組合や労働者の影響力を増大させ、政治権力のバランスや社会関係の性格をシフトさせた。アメリカのニューディール政策は労働組織の法的資格を承認し、被用者の権利を確立し、より強力な組合運動への道を開いた。イギリス政府は、第二次世界大戦のあいだ、工業生産の転用と、先の大戦中に起こって大きなダメージを与えたストライキの回避にさいして、労働組合との協調を探ったが、これは労働者の力を大いに高める

SOCIAL SECURITY
Here's to the brave new world!
1565

図5 「素晴らしき新世界に乾杯」。イリングスワースによる風刺画。「デイリー・メール」紙（1942年）

展開だった。対ドイツ戦が長引くにつれて、各国政府は、平時への復帰が社会改革と社会正義の時代を招き入れると約束することで、軍隊や国民の士気を上げようとした（図5）。

戦時動員は交戦国を変えた。戦時中の統治者は、いつの時代でも、軍人の忠誠を取りつけようとしてきた。一九世紀アメリカにおける南北戦争退役軍人年金、一九四四年の復員兵援護法は、その典型だ。しかし、総力戦の場合、国家指導者は、多数の一般市民の積極的な参加も勝ち取らなければならなかったし、大規模な社会改革の約束はそうした目的をかなえるための重要な手段であった。総力戦は社会階級を互いに接近させた。敵の爆弾は貧富の区別なく落ちたし、都会の子どもたちが田舎へ疎開したことで、都市の貧困層の多くにとっての現実であった不潔な生活状態が明るみに出た。戦時中のソーシャル・サービス（イギリスの救急病院サービスや空襲被害者への支給など）は、個々人の支払い能力とは無関係に、同一の給付を分け隔てなく提供した。戦争は、人口の健康を政治的案件に変えもした。その結果は注目に値する。数年におよぶイギリス政府の食糧配給制のあと、健康と栄養の平均水準が実際に改善していたのだ。逆境を共有し、共に犠牲を払ったこれらの年月を経て、以前より平等主義的な社会が生まれたのであり、だからこそ、やっと戦争が終わったとき、諸国民は、理想主義とエネルギーを新たに感じながら、社会と経済の再建の仕事に取りかかったのである（図6）。

　しかし、常ながら、理想主義には、それに付随する実質的な帰結があった。経済の瓦解と総力戦は、社会リスクにたいする感性を変化させていた。中間層は市場社会のリスクにたいする脆弱性を痛感させられていた。一九三〇年以前、福祉政策のターゲットは貧困層であり、救貧事業はたいてい不十分で、烙印《スティグマ》的だった。一九三〇年以後、中間層も福祉政策のターゲットとなり、その結果、福祉政策の性格が根本的に変わった。それからというもの、社会政策の対象範囲はさらに広がり、支給は前ほど出し惜しみはしなくなっていった。経済政策は、単なる

図6　ウィリアム・ベヴァリッジ「自由社会における完全雇用」(1944年)。

市場の自由化ではなく、市場と、市場から生まれるものの両方のマネジメントを目指すようになっていった。

改革のための連立

福祉国家は、工業資本主義の問題にたいする機能的な解決策だった。しかし、福祉国家は建設されなければならなかった。そして、福祉国家を建設した政治指導者にしても、協力者であった公務員、専門知識を持つアドバイザー、社会改革者にしても、属する政党はまちまちで、多様なイデオロギーを奉じており、追求する目的はひとつにとどまらなかった。

一九四〇年代までに、経済のマネジメントと社会支給のための新たな制度が必要であることは広く受け入れられていた。そして、新たな取り決めの設計をめぐって激論が交わされてはいた——労働組合派は、定額拠出金ではなく、税金を財源とする給付を強く推したが、社会主義者は、抜本的な変化の妨げになりそうな「鎮痛剤」に反対だった——ものの、新制度の創出には、幅広い政治勢力が参加した。福祉国家はときおり工業労働者階級の手柄とみなされるが、その大部分は、農業従事者、中間層、専門職をも含めた広範な連立をとおして実現したのだった。一般論を言えば、もっとも包括的で、もっとも恒久的な福祉国家とは、もっとも多岐にわたる、もっとも強力な連立の利害にかなう福祉国家である。

政治的アクターが多様であれば、動機のほうも多様だった。ファシズムの余波のなか、ヨーロッパの指導者たちは、中間層を民主主義的国家に繫ぎとめようとした。そのための方策が、富裕層にも貧困層にも益するところがあるような社会支給を提供することだった。しかし、労働者階級の支持を勝ち取る必要もあった。その少なからぬ理由は、大恐慌と第二次世界大戦によって共産主義の訴求力が高まっており、ソヴィエトのプロパガンダが、労働者によってのよりよき未来として国家社会主義を提示していたからだった。

改革者は、所属政党にかかわらず、高邁な道徳的目的と、それよりはるかに党派的な動機とを組み合わせた。福祉給付金を配ることは、社会正義の問題ではあったが、票にたいする見返り、国家への忠誠とのバーターでもあれば、トラブルを避けるためでもあった。移転支出は、平等の促進のために作られたが、上下関係や所得格差の温存にもなりかねなかった。社会福祉は、資本主義を人間化するために作られたが、社会主義が突きつけた挑戦にたいする資本主義の抵抗力を高めるためでもあった。社会支給は、市民権や積極的自由を可能にするために作られたが、「退化」に対抗するため、そのいや増す不適格さが政策立案者を危惧させた人種を改善するためでもあった。給付金は、労働者とその家族の生活を安定させるために支給されたが、需要を刺激し、金を流通させ、投資を促し、商業を支えるためでもあった。福祉国家はつねに、社会的平等と経済的効率性が共についてまわるものであり、被治者のニーズに応えるとともに、統治者の利害にかなうものだった。

Box 5　資本主義を救う

「[ケインズは] 規制なき資本主義の非効率性を嫌悪したが、プロレタリア革命の浪費や被害にたいする恐怖がそれを上回ったにすぎない……それゆえ、彼は、資本主義の性質を変えることによって資本主義を救うことを、自身の生涯の仕事としたのだった。」

キングズリー・マーティン、「ニューステイツマン」紙、1946年

福祉国家に「賛成」することは、一九四〇年代であれ、今日であれ、天使の側につくことではない。それは、(あらゆる政治的な衝突や、そこに絡んでくる行政上の難題も含めて)経済的プロセスの社会的コントロールを選ぶことであり、個々の企業家、多国籍企業、金融投資家の下す私的な選択にそのようなプロセスを委ねないことであった。

福祉国家に「賛成」することは、資本主義に「反対」することを意味するわけでもない。経済学者ジョン・メイナード・ケインズが述べたように、福祉国家は、資本主義の市場プロセスを破壊する手段ではなかった。福祉国家は、資本主義をより効率的にマネジメントするための集団《コレクティヴ》＝共同的な行動技術の組み合わせだった(Box 5)。だからこそ、実業家や産業資本家はこれらの展開に過度の抵抗は示さず、積極的な支持を表明することもめずらしくなかったのである。

雇用側の反応は、国によっても産業によってもまちまちだった。アメリカの雇用主は、賃金格差の維持、企業ベー

スの福祉の促進、労働組合の抑え込みのために闘った。スウェーデンの雇用主はそれと逆のことをした。しかし、どの国の雇用主も、社会保険の必要性を見抜き、労働者の健康、福祉、教育を自社の資産とみなした。福祉国家は、市場資本主義の非市場的なニーズを充たした。経済活動の拠り所となる社会的取り決めや人間的能力を提供したのである。そして、抜きん出た先見の明を持つ資本家はこれを理解し歓迎した。

すでに述べたように、戦後数十年のあいだに形成された福祉国家はそれぞれ異なっていた。そのなかには、アメリカのように、最低限の保険、社会福祉、経済のマネジメント、すなわち、近代的な社会組織を機能させるための必須要素や市場資本主義の非市場的なニーズが命じるもののしか提供しない福祉国家もあった。それよりずっと平等と連帯を重んじる福祉国家もあった。スウェーデンや北欧諸国がそのもっとも顕著な例である。イギリスのように、普遍主義的原理にのっとって社会保険スキームを発展させ、誰もが同額の拠出金を支払い、誰もが同額の給付を受け取る国もあった。それとは対照的に、ドイツ、オーストリア、フランスは、拠出金と給付の水準を収入と連動させることによって、労働市場における収入格差が、福祉のコストや給付に反映されるようにしていた。強固に中央集権化された国家、たとえばフランスやイギリスは、システムの運用のために、中央政府機関に権力を与えた。州間格差のある連邦国家は、これらの課題の多くを地方政府に委譲した。このもっとも顕著な例はアメリカである。しかし、オランダやドイツのように、ソーシャル・サービスの提供を教会やボランティア団体に頼る国もあった。

ドイツ、フランス、スウェーデンの政府が確立したコーポラティズム的な取り決めは、産業の近代化、労働者の職業訓練、完全雇用の確保、インフレーション・コントロールのために、雇用主連合と労働組合を「社会的パートナー」として抱え入れるものだった。それとは対照的に、アメリカやイギリスの政府は、経済計画や企業間協定は最小限の使用にとどめ、消費者の信用買いの緩和や市場勢力の育成を、成長や好況につながる手段として頼りにした。北欧の福祉国家は、公的なチャイルドケアや高齢者支援を確立することで、女性の自律や平等を向上させた。イタリア、ドイツ、フランスのような国は、伝統的な家族構造の温存を目指し、工業に従事する男性労働者のニーズに的をしぼった。

それぞれの福祉国家が、これらの点において、独特だった。しかし、細部においてこれほど異なっているにもかかわらず、福祉国家の発達についての根本的な事実があった。福祉国家の発達は国際的な広がりを持つ出来事であり、戦後世界における資本主義下の民主主義に等しく当てはまる普遍的特性であった。

第四章　福祉国家1・0

成熟した福祉国家の創出は、戦争によって引き裂かれたヨーロッパ諸国が一九四五年以降の数年に着手した大規模な再構築の一部をなすものだった。それに続く成長の数十年のあいだ、福祉国家にたいするコミットメントは確立した原理となり、それを核にして永続的な政治的コンセンサスが形成された。アメリカ合衆国では、ニューディール政策のときの制度が基礎となってヨーロッパの福祉国家原理に類するものが確立され、ヨーロッパ同様、一九七〇年代を超えても生き延びた。

戦後数十年を経て、新たな統治様態が誕生した。その具体的形態は異なっていた。イギリスの「福祉国家（Welfare State）」、フランスの「摂理国家（L'Etat Providence）」、オランダの「ケア国家（Verzorgingsstaat）」、ドイツの「社会国家（Sozialstaat）」、アメリカの「ニューディール（New Deal）」、スウェーデンの「国民の家（Folkhemmet）」は、それぞれが唯一無二の特性を備えていた。しかし、新たに出現したこれらの福祉国家は、かつての救貧法とも、国家社会主義とも一線を画する、際立った一連の特徴を共有していた。本章で同定したいのは、新たに出現した福祉国家を定義付けるこれらの特徴である。

一八八〇年代、一九〇〇年代の未成熟な福祉国家は、社会保険の開拓者ではあったが、実際の政策となると、法の適応範囲は限定的で、歳出は比較的控えめだった。一九五〇、六〇年代の福祉国家は、範囲の点でも野心の点でも拡大した。経済成長と社会ガバナンスの巨大機構となり、無数の法律や規制を配備し、その支出額はＧＤＰの二割から三割に相当した。この史上初の成熟した福祉国家を「福祉国家1・0」(WS1.0)と呼び、福祉国家がどのように構造化されているかを記述するために用いるとともに、WS1.0に続く福祉国家の展開を測るさいのベースラインとして用いることにする。

福祉国家のセクター

福祉国家は、一般的に、五つの制度セクターを持っている。(一)社会保険、(二)社会扶助、(三)公的資金によるソーシャル・サービス、(四)ソーシャルワークとパーソナル・ソーシャル・サービス、(五)経済のガバナンス。本章が記述するのは、一九四〇年代から八〇年代まで支配的であったWS1.0形態におけるものである。これらのセクターがそれ以後どのように変化していったかは、後のいくつかの章で論じる。

収入減にたいする社会保険は、福祉国家の礎石である。社会保険は、資本主義下の労働市場の核心的な問題——賃金労働者とその家族の保障の欠如——に対処するものであり、その手段として用いられる集団的リスク・プーリングは、収入減を補塡し、保障を広く行き渡らせる。ベヴァリッジは「新たなタイプの人間的制度」としての国家による保険について語ったが、実際、その出現は、社会と経済のカバナンスにおける画期的な突破口をなしている。

社会保険プログラムの典型的なスキームは、国家が運営し、法律で強制加入、多かれ少なかれ包括的で、怪我、病気、老齢、障害、失業による収入減から労働者とその家族を守る設計になっている。私的保険をモデルとしながら、それと競合するものであり、被保険者に拠出金を支払うことを求め、受給条件となる不測事態を具体的に指定し、契約にもとづく受給権を確立している。しかし、私的保険と異なっているところもある。保険料とリスク・レベルが連動しておらず、一人ひとりが抱えるリスクとは無関係に、全員を加入させる点だ。こうした逸脱は、被保険者人口が巨大で多様で、加入が国家による強制だからこそ実行可能になる。いかなる私的保険スキームであれ、これと同じような保証を提供することは到底不可能である。

英国の国民保険（ＮＩ）やアメリカの社会保障（Social Security）のようなスキームでは、被用者は定期的な拠出金の支払いを義務付けられており（そこに、雇用者が被用者のために払う拠出金が上乗せされる）、この拠出金を土台にして、被用者は、疾病手当や障害手当、失業給付金、退職年金などの受給権を得る。リスク・プーリングと強制的な貯蓄で構成されたこれらのスキームは、収入や消費における変動を均し、そうすることで、生涯をとおして、景気サイクルに左右されずに、所得を再分配する効果を持つ。これらのスキームは何かしらの階級間の再分配を生み出しはする。一般的に言えば、低賃金の労働者は支払った拠出金以上の給付を受け取る。しかし、これらのスキームの主要な効果とは、裕福か貧困かを問わず、すべての就労者に保障を与えることである。

社会保険スキームは世間で根強い人気を保っている。高齢者や短期失業者の苦難を減らすうえで実際に効果を上げてきているからというのが、その少なからぬ理由である。これらのスキームの特徴である「拠出金と交換条件での受給」、それから、保険の受益者は、資力調査付きの福祉にしばしばつきまとう介入や烙印《スティグマ》を免れられることも、人気の理由である。

社会扶助（アメリカ合衆国で「福祉《ウェルフェア》」といえばこれであり、イギリスでもますますそうなってきている）が意味するのは、無拠出型の所得支援プログラムからなるセーフティネットであり、その救済対象は、基本的ニーズを充たすのにも事欠く所得の人びとである。ウィリアム・ベヴァリッジのような福祉国家の創設者たちは、このような扶助にたいするニーズは、労働人口全体が保険に加入するようになれば消滅するだろうと想定していたが、これらのプログラムが依然として重要であることは、その後の出来事――とくに、完全雇用の崩壊とシングルペアレント家庭の増大――によって確証された。福祉国家の創設者の多くの目論見では、扶助は、生活苦にあえぐ人びとが一律に利用できる社会権のかたちをとるものだったが、時を経て、旧来の「救貧法」に見られた裁量的支給というパターンが再登場する傾向にある。

社会扶助給付は、選別的で、資力調査付きのものが典型的であり、その支給は、受給の必要性が明らかな人に限定されている。アメリカのプログラムから該当例を挙げれば、一般扶助(General Assistance)、フードスタンプ、勤労所得税額控除(Earned Income Tax Credits)、児童税額控除(Child Tax Credits)、補足的保障所得(Supplementary Security Income)、メディケイド(Medicaid)、貧困家族一時扶助(TANF)がある。英国のプログラムとしては、「所得援助(Income Support)」(旧名では「国民生活扶助料(National Assistance)」と「補足給付(Supplementary Benefits)」、現在は「ユニバーサル・クレジット(Universal Credit)」という名称に移行中)、住居給付金、地方自治体に支払う固定資産税控除、賃貸料の割戻金、無料の学校給食、資力調査付きの求職者手当などがある。

社会扶助の財源は一般税で、再分配は控えめである。性差で大きく偏る傾向にあり、受給者の筆頭にくるのは女性と子どもである。あらゆる福祉国家プログラムのなかで、資力調査付きの所得支援はもっとも世間受けが悪く、怠け者のタカリ屋、無責任なシングルペアレンツ、「給付目当ての移住者《ベネフィット・ツーリスト》」をめぐるモラル・パニックを誘発することもめずらしくない。歴史家のマイケル・カッツが述べているように、「福祉を好む者などいない」。にもかかわらず、社会扶助プログラムは依然として必須であり、平等主義的で高所得の北欧諸国ですら、毎年五から十パーセントの家庭がこの手の扶助を受けている。

公的資金によるソーシャル・サービスは、教育、ヘルスケア、チャイルドケア、公共交通機関、法律相談などの財《グッズ》への無料(ないしは補助金による割引ありの)アクセスを提供する。ローカルなレベルで言えば、居住者が享受する公園、図書館、美術館や博物館、スポーツ施設や娯楽施設、手が届く価格帯の住宅、その他の公共設備は、地方自治体の歳入が財源である。したがって、社会権やソーシャル・サービスは、都市化や市場化の問題にたいして「脱商品化された」解決策を提供していることになる。

これらの公共サービスは、一般的に、福祉国家の諸相のなかで、烙印《スティグマ》的なところがもっとも薄く、もっとも平等主義的で、T・H・マーシャルが「社会権《ソーシャル・ライト》」という言葉で記述したものにもっとも近い。すなわち、無条件の権利として提供され、市場の外部で稼働するものである。公共サービスがカバーする範囲は国によって異なるが、アメリカ合衆国のような市場志向のシステムですら、初等中等教育のようなサービスは無償で提供されており、無条件の権利である。

被用者の権利（最低賃金、有給休暇、育児休暇、雇用保護、手続きにのっとった解雇や昇進など）も社会（または「経済」）権であり、組合に加入する権利、団体としてストライキを打つ権利などについても同じことが言える。一般論を言えば、これらの権利の適応範囲は、さまざまな種類の職業斡旋サービスとともに、労働組合の政治力の反映である。

ソーシャルワークとパーソナル・ソーシャル・サービスが、四つ目のセクターをなす。福祉国家は、保険給付、社会扶助、公共サービスに加えて、それぞれの事情や状況に合わせてパーソナライズされた支援を提供する。たとえば、家族を対象としたソーシャルワーク、児童対象サービス、高齢者対象のソーシャルケア、心の病をわずらう人びとを対象とするコミュニティケア、犯罪者の保護観察、仮釈放中や出所後の補導や監督である。これらのパーソナル・ソーシャル・サービスのなかには、チャイルドケア、高齢者や障害者の在宅医療など、公的支給そのままの形態を取るものもある。しかし、ソーシャルワークの専門家が、ケアとコントロールを組み合わせたかたちでクライアントとかかわる別のケースもある。そこで焦点化されるのは、何かしらの機能不全が表面化したか、あるいは、自ら国に申請したかで、行政の知るところとなった家族や個人である。パーソナル・ソーシャル・サービスは、家族として成り立っていない家族や機能不全に陥っている家族、これがなければコミュニティからのサポートが絶たれてしまう家族の問題にたいする福祉国家の応答である。

これらのソーシャルワークによる介入は、「正常化《ノーマル》」と規律化を目指すと同時に、ケアとサポートを差し伸べる。介入ターゲットの大半をなす低所得層は、社会扶助を受けているのと同じ層で、女性と子どもが主要な対象となる。フランスの社会学者ジャック・ドンズロの記述によれば、これらは「家族を取り締まる」無数の方法である。問題視された家族には検査が入り、「正常な」子育てモデル、よりよい労働習慣、もっと責任感のある性行為などを採り入れることを迫られる、というのがドンズロがこの言い回しで言わんとするところだ。個人や家庭を正常化しようというこの国家ぐるみの努力は、しばしば心理療法の言語をまとい、裁判所命令という後ろ盾を持つ。近代に発達したものだが、宗教改革以降に栄えた聖職者によるケアや宗教的規律と響きあうところがあり、そうした宗教的遺産につきものの道徳的権威主義の残滓がある。それと同じように、近代的なソーシャルワークの核心にあるケースワークの方法にしても、前章で見たとおり、それに先鞭をつけたのはＣＯＳのような科学的チャリティであった。

　ドンズロが注意を促しているように、福祉国家は、経済を規制し安定化させるのとまったく同じように、家族を規制し安定化させる。実際、二〇世紀初頭の識者の多くの見るところでは、この「家庭への侵略」こそ、新たな福祉国家統治の諸相のなかで、もっともラディカルかつわずらわしいものだった。しかし、時を経て、ソーシャルワークの性格は変化した。家族にしても、家族が提起する問題にしても、つねに変化しているから、というのがその少なからぬ理由である。今日、ケースワーカーの時間の多くは、規制を主眼とする警察めいた機能を第一に遂行するためではなく、クライアントの代弁者となるため、迷路のような受給申請手続きのガイド役となるために費やされている。

　最後に、経済の統治という記述が当てはまるかもしれないものがある。福祉国家プログラムは、政府による経済生活の大規模な管理オペレーションに依拠している。産業の国有化、経済計画、財産権の配分、税法、財政政策、金融政策、消費者信用政策、労働市場政策、コーポラティズム的協定、物価所得政策、農業食品補助金、産業政策、職業訓練プログラム、地方投資プログラム、金融規制、最低賃金法――これらはすべて、福祉国家で用いられる経済マネジメントの道具であり、これまで使われてきたものである。

一九四五年以降、政府は、経済成長を確保し、好不況が度を越さないように箍を嵌め、失業やインフレーションを許容範囲内に抑える責任を引き受けた。それから数十年のあいだ、これらの目標を追い求めるなかで、政府は、経済ガバナンス制度（コーポラティズム的協定、アソシエーション、労働組合など）を具体化し、計画政策、直接管理政策、ケインズ的政策、マネタリズム的政策、供給《サプライ》サイド重視政策、新自由主義的政策の道具をさまざまに用いてきた。経済を統治することは、市場資本主義がらみの経済問題にたいする福祉国家の回答であり、職業訓練、就業支援、雇用保護というミクロ経済レベルと、需要管理、通貨供給というマクロ経済レベルの両方で稼働するものである。福祉国家のこの一面がひじょうに目につきやすかった戦後期は、政府が、労働者の権利としてだけではなく、支出プログラムのための経済的土台として、完全雇用の確保を引き受けていた時代だった。この側面が見えにくくなっていった一九七〇年代以降の数十年は、政府が、インフレーション・コントロールを完全雇用より優先し、金利コントロールを中央銀行に任せた時代だった。

新自由主義的なグローバル化の時代である今日でさえ、経済ガバナンスは福祉国家の本質的な要素のままであり、公的歳出予算は依然として経済マネジメントの基本ツールとして稼働している。政府の社会支出は、税金を財源とする歳出にしても、給付金に刺激された個人消費にしても、国民経済に大規模なインパクトを持っている。そして、当然ながら、福祉国家それ自体が主要な雇用創出元である。非常に多くの人間を雇用しており、その大部分が女性である。

アメリカ合衆国では全雇用の約一五パーセントを政府職が占め、スウェーデンの場合その比率は倍になる。イギリスにおける最大の雇用主はＮＨＳ（国民保健サービス）で、一七〇万人を雇っている。

福祉国家という地形のなかにはもうひとつ言及しておきたい特徴がある。見落とすようなことがあってはいけないので強調しておこう。「隠れた福祉国家」と呼ばれることもあるもので、税制ないしは民間企業との雇用契約をとおして提供される福祉給付が、その構成要素である。たとえば、アメリカにおける住宅ローン対象の税控除は、政府による大規模な福祉プログラムにして景気刺激プログラムであり、そのコストは公営住宅に費やされる額を上回っている。それと同じように、企業による福祉スキーム（退職、ヘルスケア、その他の「付加給付」を被用者に上乗せして提供すること）には、政府補助金があり、政府の規制が入るものの、その提供元は雇用主であり、課税対象外の報酬というかたちをとる。これらの形態の社会支給は平等主義からもっともかけ離れたもので、その大半が税法のなかに埋もれており、政治論議で焦点化されることはめったにない。

以上が、福祉国家複合体の主要セクターであり、福祉国家統治の主要な道具である。これらのセクターは、マクロ・レベル（国民経済、人口）とミクロ・レベル（企業、家族、個人）の両方で同時に稼働し、資本主義市場がこれらとは別のかたちで創り出していく経済的帰結や社会的関係を修正し、政治的に定義された最低限の社会的保障と経済的保障を確保し、子ども、若年労働者、個人の社会化と幸福《ウェル・ビーイング》を保証する機能を果たすのである。

機能と機能不全

福祉国家の機能について語ることは、コンフリクトの不在やルーティーンな成功をほのめかすことではない。実務的に言えば、セクターは成功と失敗が重ならない帯域で稼働しているし、どのセクターも多かれ少なかれ「失敗」している。国家政府は概して、効率性にかけては妥当な水準にある社会保険、社会扶助、公共サービスを確立する力を持っている。しかし、すべての国がこの力をうまく使えるわけではない。それに、自国経済を統治する国家の手腕となると、さらにおぼつかないところがある。家族を取り締まったり、レールから外れた個人を矯正したりする国家の手腕についても、同じことが言える。

福祉政策がスムーズに実施されることはめったにない。なぜなら、福祉国家と市場資本主義の関係は、機能上は必要不可欠だが、構造上は矛盾含みだからである。福祉国家社会では、私的《プライヴェート》に決定される経済活動と、公的《パブリック》に決定される社会的保護が、手錠で互いに繋がれている。その結果、矛盾含みのハイブリッドが生まれる。それぞれの構造が、他方を支えつつ、他方を切り崩すように働く。この取り決めのなか、福祉国家はつねに従属的ないしは補助的な制度であって、主となるものではない。福祉給付や福祉移転は「二次的」な再分配であり、私有財産や市場取引に土台を持つ根本的な「第一」の分配を修正するものである。その結果、福祉国家政策は、一般的に、私有財産に重大な挑戦を突きつけるところまではいかない。ここには別の含みもある。個々の福祉国家の財政的な実行可能性は、成長と好況を生み出す国民経済の力に左右される、という点である。

　福祉国家による統治は、つねに、デリケートなバランス調整である。経済的帰結を修正しつつ、企業活動は妨げない。雇用は維持しつつ、労働者を保護する。利潤に課税しつつ、成長は損ねず、投資のボイコットも引き起こさない。統治権力を行使する一方で、国家の越権行為には歯止めをかけ、個人の自由を引き続き擁護する。福祉国家による統治は、つねに、規制という難問でもある。福祉国家は経済プロセスや家族プロセスにたいして社会的コントロールや政治的コントロールを課そうとするが、そうしたプロセスのほうは、こうした規制の試みから逃れたり、ひねくれた反応を見せたりすることもめずらしくない。この根本的な矛盾は、システム＝コンフリクト問題と記述してよいかもしれない。この問題のために、福祉国家は往々にして機能障害に陥りがちである。

　ここにさらに付随することがある。福祉国家プログラムは、総じて、根治療法的ではなく対症療法的であるという事実だ。福祉国家プログラムが目指すのは、根本的な治療の提供ではなく、失敗や機能不全のマネジメントである。これは福祉国家プログラムの限界であり、それが支持者と批判者の双方をひどく苛立たせる。なぜかと言えば、福祉プログラムは、無保障や不安定を和らげはするものの、そのような問題の構造的原因は取り除かないからである。それどころか、福祉プログラムは資本主義市場と私有財産を維持し、持続させる。資本主義市場と私有財産がもたらすものを、社会的に許容できる範囲に収めようとしているときでさえも。その結果、市場や分配の失敗にまつわる問題はとどまることなく現れ、自らの存在を自己正当化し続けることになる。

新たな統治様式

経済活動に社会的規制をかけようという集団=共同《コレクティヴ》的な努力は、人類史をとおして見られる諸社会の特徴である。しかし、この規制を行うさいの手段については、際立った不連続性がある。福祉国家の出現は、人類史における経済活動の社会的規制の物語のなかで、重要な新章を刻んでいる。

　二〇世紀の福祉国家の新しさを記述するさい、歴史家は次の三点を指摘する。救貧法とその尊厳を欠いた冷酷さの廃止。労働市場の組織化、労働者の所得確保のための統治スキームの出現。国家機関の果たす役割の増大、地方政府から国家政府への責任のシフト。福祉支給がどのような経緯で主流プロセスとなり、市民の大多数が権利や受給権を要求するようになっていったかを、歴史家は記述する。福祉法やソーシャルワークが家族や個人のプライベートな生活のなかで果たすようになってきた役割の増大を、歴史家は書き記す。歴史家の説明によれば、福祉国家は、残余主義から普遍主義への、非常事態のさいの一時的な救済から日常的な予防への、私的なチャリティから公的な福祉への、歴史的変容であった。

しかし、福祉国家の出現を際立たせる不連続のなかでもっとも深い断絶となったのは、このように様変わりした実践というよりも――これらはこれらで重要ではあったが――基底をなす統治合理性《ラショナリティ》における根本的な変化のほうだった。福祉国家をその先駆例から際立たせたのは、統治の性質と目的の捉え方における変化であり、統治活動の対象――なにより経済と人口――の性格の捉え方における変化であった。福祉国家による統治を特徴付けたのは、失業、無保障、不確実性の問題について考えをめぐらし、それらの問題に取り組むさいの新しい様式であった。社会保険、社会支給、経済規制という新たなテクノロジーと相まって、経済と人口の全体に影響を与えるアプローチであり、きわめて新しい原理にのっとって進んでいくアプローチであった。この特有の統治様式は、七〇年以上を経た今日でも、先進社会が経済生活や社会生活を統治するやり方に影響を与え続けている。とはいえ、統治形態のほうは、進化と成長を続けている。

この変化した捉え方をさらに具体的に説明するために、イギリスに現れた新たな統治様式が、そのような捉え方によってどのように特徴付けられていたかを、詳しく見てみることにしよう。イギリスは、レッセ・フェールの自由主義から福祉国家の統治様式へのシフトがとくに顕著だった国である。

一九世紀、古典派経済学の教義は次のように力説した。社会的保護と経済活動はゼロサムゲームである（「ゼロサムゲーム」というのは当時の言葉遣いではないが）。救貧事業に費やされる金は、産業の足を引っ張り、勤労意欲を殺ぐ。貧民に与えられる金は、生産性のある経済から抜かれた金である。公的支出は私的支出を追いやる。それゆえ、チャリティや救貧法による支給は、最小限に抑えるべきである。さもなくば、貧民の数を増やし、資源にたいする人口比率の悪化を招くことになる。

二〇世紀初頭、政府による経済マネジメント能力、政府による経済マネジメントの利点についての考え方にシフトがあった。この新たな経済的思考は――その後ジョン・メイナード・ケインズと結びつけられることになるが、ケインズただひとりがその創始者に数えられるわけではなかった――失業を、個々人の労働意欲の問題ではなく、労働市場全体で稼働する「産業問題」とみなした。この新たな経済的思考は三つのことを指摘した。（一）低就業率で市場が均衡に達し、長期にわたる破壊的な不況を生み出す可能性（現実の出来事によって確証されながらも、経済理論のなかでは長らく否定されてきた可能性）。（二）雇用を創出し、需要を回復させ、投資家の信頼を高めるために、不況中の経済に資金を投入することで、政府の介入が作り出すことのできる正の乗数効果。（三）労働者が経済的逆境のリスクから守られているときに生まれる肯定的な結果。レッセ・フェールの世界では、賃上げと貧困層への移転所得は、経済にも社会にも壊滅的な結果をまねく悪徳であった。新たなアプローチでは、それらは、最終的には経済にも社会にも利益をもたらす美徳となった。

この新たな福祉国家による統治は、管理プロセスと支給プロセスを社会化し、両プロセスを全国規模で組織し、公が責任を負うものに変えた。雇用の保障、世帯所得の維持、貧困の軽減、ソーシャル・サービスの提供、不確実性の縮小――これらすべてが集計レベルで引き受けられるべき機能となり、規模の利点（大数の法則であり、チャーチルが「平均の奇跡」と呼んだもの）を制御しながら活用していった。統治対象となっていったのは、労働市場全体、工業の生産構造、国民経済（歳入、総消費、総貯蓄と総投資といった集計間のマクロ経済的諸関係として理解されるもの）であった。このように、福祉国家は、マクロ経済的でマクロ社会的なガバナンスという新形態によって可能になったのである。かつては地域や民間で断片的に行われていた統治行為の「国家化」、体系《システム》化だった。かつてはボランティアやアマチュアに委ねられていた介入の専門化、日常業務《ルーティーン》化であった。

レッセ・フェールが個人主義、競争、私的行動《プライベート・アクション》を力説したところで、福祉国家は協働、協調、組織的な集団＝共同行動《コレクティヴ・アクション》を強調した。ある価値観の主張としてだけではなく、近代の社会生活や経済生活への適応として、福祉国家はそれらを強調したのである。レッセ・フェールが政府の最小化、市場の自由化を力説したところで、新たなアプローチは、政府こそが労働市場をマネジメントし、経済的帰結を請け合う責任を担うべきであるとみなした（Ｂｏｘ６）。

Box 6　新政府の目的と責任、1944年

「政府はその主要な目的と責任のひとつとして、高水準で安定した雇用の維持を引き受ける。」

英国雇用政策白書 1944年

Box 7　国家の経済機能、1972年

「国家の経済機能とは何か？　どの近代国家も持ち合わせている経済機能とは？　第一に、所得の相対的な再配分。第二に、共同財の生産というかたちでの補助金。そして第三に、完全成長と完全雇用を確保する経済プロセスの規制である。」

フランス財務大臣、ジスカール・デスタン、1972年

包括的、強制的、集団＝共同的な行動の活用は、人口と経済、家族、企業にたいする国民国家の働きかけとともに、福祉国家の看板的なアプローチになっていった（Ｂｏｘ７）。その結果生まれたのは、かつて存在していた社会支給のどの形態よりも包括的で、日常業務的で、体系的な福祉国家であり、そこで用いられる保険、リスク・マネジメント、規制からなる装置群は、史上類を見ないものであった。

新しい政治

二〇世紀中期の数十年、福祉国家プログラムは西欧の政党と有権者に大いにアピールした。この成長と好況の時代のなか、福祉国家プログラムは拡大、改善した。そのおかげで、政府は質も量も向上した給付を有権者に提供できるようになり、投票者や組合員は支援の見返りに物質的なリターンを受けた。増税は不平の種であり、増大する公的支出によるインフレ効果も不満をかきたて、しきりと新たな団体が現れては、新たな主張を押しとおし、新たな利益を求めた。しかし、戦後数十年の成長の時代、これらの問題は、上昇する賃金、上昇する利潤、上昇する生産性によって相殺されていた。

福祉国家の政治力の鍵となったのは、次の事実だった。福祉国家の度量の広さは、貧困層を越えて彼方まで拡がり、中間層や富裕層にも利益をもたらした、という事実である。ヘルスケア、高等教育、住宅ローン課税控除のようなプログラムの恩恵を受けたのは、富裕層に近い世帯だった。中間層の女性は、高等教育を受け、専門職のキャリアを追求できるようになった。雇用主は、訓練を積んだ健康な労働力の利点を享受できたし、組合と協力して結んだ賃金協定や生産性協定は、産業の平安をもたらし、長期計画を可能にし、競争力のある成果に貢献した。多くの国の労働組合は、対立や衝突ではなく、統合の担い手となり、経済の統治について話し合う議論のテーブルに招かれるという報酬を得た。労働者は、完全雇用、上昇する実質賃金、改善された公的支給がもたらす生活保障や生活水準の向上を享受した。

福祉国家は、ひとたび確立されるや、自前の支持層（なかでも、女性、中間層の専門職、公務員、リベラルなエリートたちのあいだに）と自前の成長力学を生み出した。新たな給付はゆるぎない受給権となった。状況の改善は期待の向上につながった。取り残された集団は包摂を迫った。新たな社会問題が見つかり、国家による新たな活動形態が求められていることがわかった。ますます豊かになっていく中間層は、改善されたソーシャル・サービス、よりよい教育、より高いレベルのヘルスケアを要求した。一時のあいだ、福祉国家はあらゆる問題にたいする解答であり、社会権や社会正義の要求が自動的に差し向けられる制度とみなされるようになった。自らを強化していくこれらの成長力学の持続可能性が落ちていったとき、政府は、これらの展開を逆転させるほうがはるかに困難であることを発見することになる。

第五章　多様性

「福祉国家なるもの」がそのままのかたちで存在しているわけではない。存在しているのは、特定の福祉国家にほかならず、その一つひとつが互いに異なり、その一つひとつが複雑で、その一つひとつが絶えず動いている。福祉国家の歴史と性格を例証するために、本書はアメリカ合衆国とイギリスの例を用いてきたが、どちらの国もとくに典型的というわけではない。いや、というより、どの国の福祉国家も典型的ではないのだ。詳細に見てみれば、どの先進国も、その国なりの独自の福祉国家を持っている。

福祉国家は総じて同一の基本制度（社会保険、社会扶助、公共サービスなど）に依拠しているが、これらの制度の稼働の仕方は異なりうる。失業保険は、受給資格を広げ、申請のハードルを下げ、給付を手厚くしてもよいし、制限や条件を付けてもよい。公共サービスにしても、手広く、クオリティを高くすることもできれば、貧弱で、限定的にすることもできる。そして、プログラムの設定は状況に左右される。大規模な失業が長期にわたって続けば、失業手当の給付期間を延長せよという圧力がかかるだろう。反対に、労働市場が好調で、えり好みをしているから失業中なのだという目で申請者が見られるなら、給付を制限せよという圧力がかかるだろう。プログラムの設定をめぐる衝突は、あらゆる福祉国家が持ち合わせている日常茶飯事的な特徴である。経済成長期ならマネジメントをするのも比較的容易だが、不況や緊縮期にはずっと困難になる。

根本に触れるような政策選択となると、これらの制度の構造が絡んでくる。誰が補償対象となり、何を補償対象とするのか、どのように財源をまかなうか、どのように給付金を配るか、が懸案となる。典型的な社会保険は、老齢、疾病、障害、労災による収入減を補償する。しかし、長期失業や育児休暇は対象外となることもあるし、保険対象が高齢者と障害者に限られているスキームもある（たとえばアメリカのメディケア）。イギリスのNHSが対象とするのは全人口の医療ニーズで、診療は無料だが、眼科と歯科の保険診療は最低限で、薬代が自費になることもある。

アクセスや受給資格も重要な変数である。給付は、すべての人を対象にしてもよいし（たとえばアメリカの公立校）、拠出金を払った人に限定してもよいし（たとえば社会保障（Social Security））、国に仕えた人にのみ提供されるものもある（たとえば復員軍人庁による給付金）。支給条件も異なりうる。あれこれの生活基準を尺度にして申請者の資産を計る「資力調査」［の貧困証明］に左右されることもあれば（たとえばTANF）、資力とは無関係に誰にも分け隔てなく提供されることもある（たとえば、イギリスの児童対象給付や大学の学費は、最近まで、そのように提供されていた）。

福祉プログラムの財源も異なる。社会保険は総じて、被用者の賃金から天引きされた拠出金によってまかなわれており、それを補うかたちで、雇用主や政府から相応の拠出金がある。拠出は、定額制もあれば、累進制もある。ある程度のラインが上限になっていることもあれば、総所得が課税対象になることもある。拠出は、資本金の積み立てというかたちで徴収されることもあれば、現在の保険受給世代の支払いに使われることもある（今日、社会保険はほぼ後者の「賦課方式」である）。

税制は福祉プログラムのもうひとつの主要財源である（実際には、政府借入という第三の財源もあるにはあるが、持続可能性という点で拠出型や税制に大きく劣る）。課税するのは、地方政府のこともあれば、中央政府のこともある。累進的なものもあれば、逆進的なものもある。課税対象は、企業収益になることもあれば、個人収入のこともある。形態もまちまちである。所得税、富裕税、消費税、そして、これらの組み合わせもありえる。税制は、再分配の道具として用いることもできる。累進所得税、相続税、資本利得税を、富裕層から貧困層への資産移転に使うのだ。驚くべきことに、平等主義的な傾向の強い福祉国家を持つ北欧やスカンジナビアでは、所得税の限界税率が比較的高いが、売上税や付加価値税（VAT）のような（逆進的な）消費税にも依存しており、後者にたいする依存度合は、それほど手厚いとはいえない福祉レジームを持つアメリカ合衆国やイギリスより高い。おそらく、所得税や富裕税より消費税のほうが徴収しやすく、抵抗も少ないためだろう。

福祉国家プログラムは政府プログラムである。しかし、これらのプログラムの確立、財源付け、規制には公権力が必要不可欠であるとはいえ、政府による関与の性質は異なる。おおむね国家政府が運営責任を担うプログラム（たとえば社会保険）もあれば、おおむね地方行政が運営するプログラム（たとえば住宅、教育、パーソナル・ソーシャル・サービス）もある。社会プログラムが全面的に政府によって運営されるケース（たとえばアメリカの復員軍人保健庁）もあれば、プログラムの運営責任が国家とは無関係のNPOに委ねられているシステムもある。

どの国の政府機関でも、サービス供給については民間業者への外注化が進んでいる。アメリカ合衆国でもイギリスでも、社会扶助やパーソナル・ソーシャル・サービスの大部分はいまやその手の「購入者＝提供者」の取り決めによって提供されている。ソーシャルワークはいまでもパーソナル・ソーシャル・サービスの核心にあるが、ソーシャルワーカーの専門職的な性格は国によって異なっている。ドイツやスウェーデンのソーシャルワーカーは、公務員ないしは心理学の訓練を受けた専門家で、クライエント〔社会福祉の分野では、サービスの利用者を「クライエント」と呼ぶ〕のニーズにあわせて自己裁量でサービスを調整できる。それとは対照的に、アメリカ合衆国のソーシャルワーカーは賃金も地位も低い雇われ人であり、裁量の余地がほとんどない福祉システムに粛々と従う門番やガイドのような役割を演じている。

給付の支給形態は、現金支給で、その使途は受給者の自由に任せられていることもあれば、公教育、ヘルスケア、パーソナル・ソーシャル・サービスの場合のように「現物」支給のこともある。プログラムが前もって定めた用途にしか交換できないクーポン（たとえばフードスタンプ、教育バウチャー）での提供もありえる。社会保険の給付金（たとえば年金、失業給付金、家族手当）にしても、まちまちであってよい。誰にたいしても一律というのもあれば、拠出金によって変動してもよい。所得額と連動させ、給付額が受給者の平均給与の特定の割合（「置き換え率」）に相当するようにしてもよい。給付水準は、民間投資に左右されることさえある（たとえばアメリカの401（K）年金プラン）。

プログラムの対象範囲、アクセス、財源、運営についての細部が、プログラムによる再分配のインパクトや社会的な意味合いを決定する。誰が何を得るか、誰が払い、どれほど効果的にプログラムに加入させるかを規定するのは、そうした細部だからである。特定層を対象とする資力調査付きのプログラムは、受給率が低く、対象層の多くに届かない。すべての人が対象となるプログラムは、高コストだが、受給率は上がり、幅広い支持を得る。社会の受け止め方や再配分の成果は、回りまわって、プログラムの政治的命運を決める傾向にある。クオリティの高いヘルスケアや手厚い退職年金は、さまざまな階級から強力な支持を受ける。資力調査付きで給付が低水準のプログラムは、嫌われがちで、政治的攻撃に弱い。リチャード・ティトマスが述べたように、貧困《プア》層のためのサービスはお粗末《プア》なサービスになりがちである。もっとも盤石なプログラムとは、中間層が得をし、中間層から堅実な支持を受けるプログラムである。

福祉国家プログラムをかたちづくる文化的価値観も異なる。所得支援は、受給者に「脱商品化」されたオルタナティヴを提供し、求人市場からの離脱を可能にする設計になっていることもあれば、オルタナティヴな生活の選択肢を制限することで、受給者に労働に戻ることを迫る設計になっていることもある。社会保険プログラムのなかには、一家の大黒柱の男性を保険対象とし、その妻や子どもを扶養家族扱いするものもあれば、既婚女性や母親に配偶者から独立した保険を提供するものもある。どのような福祉国家も、子どもの保護と「及第点《グッド・イナフ》」の育児の促進を目指す。しかし、保守主義的レジーム（たとえばドイツ、イタリア、フランスのWS1.0）は、伝統的な家族構造の保護を計算に入れたやり方で、家族や子ども対象のサービスを提供する。その一方で、北欧諸国は、母親を家事から解放することを意図したアメニティを提供する。どのような福祉国家も、チャリティ、教会、コミュニティにたいする依存を減らす。しかし、私的福祉を最小現に抑える福祉国家もあれば、「補完性」原理を掲げ、家族、教会、コミュニティのリソースが空になるまで使いつくされたときにかぎって介入する福祉国家もある。どのような福祉国家も、経済を統治し、雇用を育成し、好況を促進しようとする。しかし、積極的なマネジメントを行い、コーポラティズム的な協定を鍛え上げ、投資と職業訓練と開発が連携する戦略を展開し、マクロ経済的な需要管理手段を配備する福祉国家もあれば、手出しは控え目かつ間接的で、競争、市場インセンティヴ、金融政策の効果に頼る福祉国家もある。

要するに、福祉レジームのなかには、結婚の重要性、女性による無給の家事労働の割合、雇用主特権、私的チャリティの重要性、市場の力を再強化するものもあれば、その真逆を行くものもある。それぞれの福祉レジームがある特定の分業制を確立しており、国、家族、市場のあいだでの社会支給タスクの割り当てられ方は異なっている。

三つの福祉世界

現実に存在する福祉国家は複雑なシステムであり、そこに現れる価値観や組織化原理は混淆物である。アメリカの福祉国家は大体のところ自由主義的（すなわち「市場順応的」）な性格だが、退役軍人とその家族にたいする支給は実質的には社会主義的であり、政府の教育支出はつねに比較的高かった。スウェーデンの社会民主主義的レジームにはいまや新自由主義的な要素や民営化された支給が入っている。福祉国家は変化しており、その結果、一九八〇年以前の数十年ではかなり際立っていた差異が、八〇年以降の数十年でずっと目立たなくなってきている。

しかし、このような込み入った事情にもかかわらず、個々の福祉国家は総じて一般的な外形や性格をみせる。それは、本質的に異なる構成要素をひとつにまとめあげ、家族構造、労働市場、政治経済という広がりを持った大きなパターンとかみ合わせていかなければならないからという理由にすぎないのかもしれない。だとすれば、福祉レジームの主要類型を差異化する重要な差異を強調することによって、福祉国家の可能性の幅を描き出すことも可能である。

サイズとコストを見れば、福祉国家を差異化できる。北欧レジームはサイズもコストも最大で、政府の社会歳出はGDPの三〇パーセントに上る。大陸レジームは中間で、支出はGDPの二五パーセントほどである。英語圏の国々は最小サイズで、アメリカ合衆国のような国が費やす金額はGDPの二〇パーセントにも満たない。しかし、総支出額は尺度として粗雑であり、数字は誤解を招く可能性がある。公的歳出額には税控除や所得控除が入っていないが、それらは実質的には福祉移転である（これらはアメリカにおいてきわめて重要である）し、高所得層への給付金を「付加税のかたちで回収」する税制の効果が考慮されていない。それに、高額の歳出が手厚さの指標にならないこともある。サッチャー政権下で失業関連歳出が増加したのは、支給が改善したからではなく、失業者数が激増したからである。

　デンマークの社会学者イエスタ・エスピン＝アンデルセンが展開した有名な比較類型は、支出水準よりも、福祉プログラムがどのように労働市場や家族と関係を結ぶかを決定する構造化原理のほうに着目する。とくに重点的に取り上げられるのは、財やサービスへのアクセスを「脱商品化する」（たとえば、財やサービスを、市場交換の外部で利用可能な権利とする）ことで、福祉レジームはどの程度まで市場の力を縮減するのか、どの程度まで連帯を高め、集団関係を平等化するのか、である。

　エスピン＝アンデルセンはこれらの基準を用いながら、三つのレジーム・タイプを区別している。（一）社会民主主義的レジーム。スウェーデン、ノルウェー、デンマーク、フィンランドに特有のタイプ。高水準の脱商品化、全国民を対象とした手厚い給付、階級間の強力な連帯、私的支給ではなく国家支給、平等にたいするコミットメント。(二)保守主義的レジーム。ヨーロッパ大陸国家、たとえばドイツ、オーストリア、フランス、ベルギーに特有。中レベルの脱商品化、職業間の上下関係の温存、補完性原理へのコミットメント、伝統的な家族構造の保守にたいする関心。(三)自由主義的レジーム。英語圏国家、たとえばアメリカ合衆国、カナダ、オーストラリア、ニュージーランドに特有。低水準の脱商品化、低水準の給付、民間の社会支給の優先、市場の強化にたいする全般的な関心。

これらの多様性を直感的につかんでもらうために、スウェーデン、ドイツ、アメリカ合衆国で発展した福祉国家レジームを記述していくことにしよう。それぞれが異なった福祉「世界」の例証である。後の章で見るように、これらのレジームは近年あれこれの点で収斂が始まってはいるが、本章でのわたしの関心は、福祉政府が取りうる、そして、実際に取ってきた多様な形態に光を当てることである。

スウェーデン

スウェーデンの福祉国家は、中間層の農業従事者と都市の労働階級の連合が創り出し、「国民の家(Folkhemmet)」というスローガンのもと、社会民主党が発展させたものである。協同的な経済マネジメントを基盤とし、富裕層と低所得層の両方に応える社会政策に支えられている。社会支給は包括的で、国民皆保険、最低所得保障、基本的保障は国民の権利である。収入連動型の給付のおかげで所得代替率は高く、ソーシャル・サービスもクオリティが高く、中間層からの支持を維持するうえで有利に働いている。税率は高い（そして、現金給付は「付加税のかたちで回収」される税制になっている）が、スウェーデン国民は、国家による良質なサービス、所得保障、相対的に平等主義的な社会を享受する。ソーシャル・サービスの大部分の提供元は国家であり、民間業者との競合がほとんどない強力な公共セクターを生み出す。国家は巨大な雇用主であり、これはとりわけ女性に当てはまる。

スウェーデンのシステムは平等と連帯を旨とする気風《エートス》を育てる。社会保険は全国民を対象とする「国民の保険」であり、保守主義的福祉レジームとは違って、職種による区別はない。再分配につながる税や移転が、市場の不平等を軽減する。家賃統制や住宅手当が、賃貸住宅の価格を抑える（とはいえ、ここ数十年、持ち家を好む傾向が高まってきている）。誰もがヘルスケアに平等にアクセスできる。良質な公共サービスや給付のおかげで、失業中のときでさえ、真っ当な生活水準を維持できる。それと同時に、妻の夫にたいする、子の親にたいする、高齢者の親族にたいする、被用者の雇用主にたいする依存を減らす社会的取り決めが、個人の自律を高める。その結果、高水準の集団《コレクティヴ》＝共同的な支給と、高度に個人主義的な価値観やライフスタイルとが組み合わさった社会が生まれる。

スウェーデンの政策は、個人の家族にたいする依存を減らし、ジェンダー間の平等を促す。その点では、伝統的家族の維持を掲げる保守主義的福祉レジームと対照的である。スウェーデンの社会政策は、チャイルドケア、育児休暇、高齢者対象のソーシャルケア、妻や母対象の独立保険を提供した先駆的なものに数えられる。GDP比で見ると、スウェーデンは、家族を対象とするサービスのために、ドイツの二倍に相当する額を費やしている。一九九〇年代のデイケアについて言えば、ドイツにおけるデイケアの保証率が三パーセントだったのにたいして、スウェーデンでは二九パーセントだった（その後この開きは縮まった）。女性は高等教育に進み、他のどの国より多くの女性が労働市場に入るし、とくにシングルマザーにたいするサポートは他国より充実している。

スウェーデンの社会政策と経済政策は緊密にリンクしており、このシステムを稼働させるうえで中心的役割を果たすのは、労働市場政策である。基本原理となるのは労働権（女性にも男性にも当てはまる権利であり、男女両方にかけられる期待）だが、その力点の置き所は、労働者を解雇しにくくする大陸型の雇用保護ではなく、失業中の労働者が、成長中の産業セクターの職に順応できるように職業訓練や支援を提供することにある。手厚い保険とソーシャル・サービスは、求職中の労働者に保障を与え、柔軟性や流動性を促す。高い就業率によって給与税の健全なフローが確保され、システムに資金が回る。多岐にわたるソーシャル・サービスは、共稼ぎ世帯の子育てをいっそう容易にする。

スウェーデンの労働市場政策は経済マネジメントのシステムの一部であり、政府は「ソーシャル・パートナー」（企業組織と労働者組織）と協調して経済の舵を取る。スウェーデンの企業は、政府や組合と団体交渉を行い、団体協定の産物である予測可能性の高い環境から利益を得る。それは、企業間、部門間の熾烈な競争が当然であるアメリカ合衆国のような自由主義的市場レジームとは対照的である。こうしたコーポラティズム的な取り決めによって、労使関係はより協調的に、成長はより計画的に、資本投資はより長期的なものになるが、それが成り立つのは、企業側と同じように組織化されていて、団体交渉を行うことができる組合運動のおかげである。結束力があり、規模も大きいスウェーデンの労働組合は、社会民主党と密接にリンクしており、相当な経済力と政治力を持っている（一九九六年、八五パーセントにものぼるスウェーデンの労働者が組合員で、現在も七〇パーセント前後という高い数値をキープしている）。

スウェーデンの組合は、経済全体にまたがる賃金交渉に参加し、企業レベルでの衝突を減らし、計画的な施策を可能にする全国的協定を作り出す。雇用率や組合加入率の最大化を目指すだけでなく、賃金格差を縮めようとする。そうすることで、団体交渉力の根底をゆるがしかねない二極化した労働市場を回避するのである。スウェーデンの組合は、インフレーション・コントロールのために、たびたび賃上げを凍結してきた。全国的な賃金協定には、連帯を促すだけでなく、非効率な企業をふるいにかける働きもある。すべての産業にたいして賃金水準が定められるため、効率的な企業であれば、平均賃金を支払いつつ、利益を上げ、事業を拡大できるが、非効率的な企業は、生産性を上げるか廃業するかという二者択一を迫られる。

　戦後期の大半のあいだ、スウェーデンは、雇用の促進、生産性の向上、高品質で高収益の産業の奨励に焦点を当ててきた。スウェーデン政府は、産業、貿易、金融の大規模な国有化に手を染めることは一度としてなかったとはいえ、近代化を援助し、産業を再構造化することにかけてはきわめて積極的だったし、その一方で、健全な財政政策を維持し、産業借入に融資し、研究開発を支援し、インフラ、教育、職業訓練に投資した。スウェーデンの福祉国家は、平等と効率性という相容れないようにみなされがちなふたつの目標を組み合わせ、貧困や経済格差を低水準に抑え、高水準のジェンダー間の平等や社会的流動性、高い生活水準を達成してきた。ここ数十年、スウェーデンの社会民主主義的モデルは深刻な問題に直面しており、政府は、年金の個人化、教育、ヘルスケア、ソーシャル・サービスの部分的民営化を含む、論争含みの新自由主義的改革に着手している。一九九〇年以降、上昇する失業率が問題になってきているし、大規模な移民は由々しきかたちでスウェーデン政治を作り変えた。これらの問題については後の章で再度論じることにしよう。

ドイツ

ビスマルクによる一九世紀の社会保険諸法は、保守主義的な試みだった。社会主義の台頭を先回りして挫き、核となる諸集団を国家に統合する一方で、地位や職業にもとづく上下関係を維持しようとする試みであった。西ドイツが第二次大戦直後に「社会国家（Sozialstaat）」を再建したとき、その基礎となったのはビスマルクのそれであり、その保守主義的な性格、自主セクターとの結びつき、階層化された職業別給付システムを引き継いでいた。

ドイツ・モデルは、スウェーデン・モデルと同じく、コーポラティズム的な懐柔メカニズムによる経済の統治と、社会保障の促進を目指すものである。しかし、スウェーデンとは異なり、ドイツ・モデルの手法は、職業や地位の差を再生産し、伝統的な家族構造を再強化する（とはいえ、これらのパターンは近年いくらか修正されてきた）。スウェーデンと比べると、ドイツが提供する社会権の数は少なく、脱商品化の度合いも弱い。社会歳出額は少なく、再分配効果も薄い。その一方で、アメリカ合衆国のような自由主義国家と比べると、はるかに強いコントロールを市場プロセスに課す。

ドイツの福祉国家はまずなにより保険国家であり、その移転と年金システムはソーシャル・サービスより目に見えて手厚い。ドイツの社会保険はその性質からして圧倒的に公的なものであり、民間や職業別の付加給付は周縁的な役割を果たすにすぎない。保険は強制加入、保証は包括的で、失業者でさえ政府の健康保険を使うことができる。しかし、一律のシステムではない。拠出金と給付金は収入と連動しており、かなり最近まで、給付の鍵を握るのは、職業的地位だった。システムはそもそもの設計からして、所得や地位の区別、とりわけブルーカラーとホワイトカラーの被用者の区別を維持するようになっていた。こうした格差の重要性は低下してきたとはいえ、自営業者、医師、公務員（Beamte）といった集団はいまでも別枠の社会保障制度の恩恵を受けている。退職、疾病、失業のさいにドイツ人が受け取る給付金は、在職中の給与額の反映である。

社会国家はアソシエーション的な国家でもある。一八八〇年代、ビスマルクの仕掛けた共済組合や自主的保険組合の国営化の試みは失敗に終わり、ビスマルクが不承不承ながら受け入れた公私の妥協がそれ以後ずっと続いてきた。社会保険の管理は職業別のスキームからなる複合体が受け持ち、スキームのマネジメントは民間のＮＰＯが行い、ＮＰＯの運営は雇用主と被用者からなる組織の代表が担う。

ドイツ語で「金庫（Kassen）」と呼ばれるこれらのアソシエーションには厳しい規制がかけられており、コスト管理と加入者募集をめぐって競争する。その結果が、階層化、断片化したシステムである。それがとりわけ顕著だったのは健康保険の領域で、一九九〇年でなお、地域、職業、会社を基盤とする千以上のプランによって運営されていた（今日、金庫の数ははるかに少なく、稼働中の医療保険は百を少し越える程度で、年金となるとその数はさらに減り、失業基金はたった一つである）。

社会国家は「家族主義的」国家と記述してもよいかもしれない。伝統的家族の保守にコミットしているからだが、この性格もここ数十年でトーンダウンしてきた。ドイツの社会保険は、かなり最近まで、男性労働者を中核とするもので、女性や子どもは扶養家族扱いだった。子どもや老人は家族が世話するものだという通念があり、それに従うかたちで、給付やソーシャル・サービスが構造化されていた。今日でさえ、社会扶助は依然として補完性原理を掲げている。この原理によれば、家族でできることはすべて試し、宗教、チャリティ、コミュニティからの支援も使えないときのみ、国家は家族のニーズに応えなければならない、ということになる。

ドイツにおける女性支援政策の数はスウェーデンより少なく、公的なデイケアは近年までとりわけ立ち遅れていた（今日、行政区はデイケアの提供を法律的に義務付けられている）。その結果、女性の労働市場参加や総収入に占める女性収入の割合は、アメリカ合衆国より低く、スウェーデンと比べるとさらに低い。家族主義的な目的からすると皮肉なことだが――しかし、仕事と家庭の両立という現代の女性の望みを考えればまったく予想通りのことでもあるが――ドイツの出生率は比較的低い。

ドイツが戦後期に確立した「社会市場経済」は、スウェーデンと同じく、経済計画と経済開発にかんして、組織化されたコーポラティズム的アプローチを可能にする設計になっていた。経済全体におよぶ団体交渉は制度化されている（とはいえ、その調整は、全国規模ではなく、部門や産業レベルで行われる）。大きな重点が置かれているのは、職業訓練、人的資本への投資（産業と関連した特定スキルの開発、徒弟制度の発展など）、強力な雇用保護である。これらの取り決めは、国際市場での競争を勝ち抜く高品質で高額な革新的製品を開発し、繁栄を築いてきたドイツの製造業にとって、きわめて望ましいものだった。その一方で、強力な雇用保護は、変化のための余地を減らし、就業者と失業者のあいだのギャップを作り出すものであり、景気の下降期や移行期には問題含みなところが表面化する。今日、雇用保護は大論争にさらされており、ドイツ企業のなかには、雇用保護を骨抜きにしようと、自営の下請けに仕事を外注し始めたところもある。そのような状況のなか、一九八〇年には三三パーセントだった労働人口の組合加入率は、二〇一〇年の時点で、一八パーセントに下落した。

アメリカ合衆国

アメリカ合衆国は、主要な福祉国家すべてのなかでもっとも自由主義的、すなわち、もっとも「市場順応的」であり、スペクトラムのうえでは社会民主主義的なスウェーデンの対極に位置し、保守主義的なドイツとはかなり異なった構造をしている。政府の社会歳出額は最低水準であり、社会支給は他の福祉国家に比べて部分的で、再分配も少なく、先進国では最高水準の貧困や格差を生んでいる。「アメリカン・ドリーム」が想起させるものとは裏腹に、アメリカ合衆国における世代間の社会的流動性はいまやスウェーデン、ドイツ、イギリスよりも低い。

ずっとこのようだったわけではない。一九世紀のアメリカは国家福祉をリードする存在であり、南北戦争の退役軍人や戦争未亡人に比較的手厚い恩給を与えていたし、その後、その支給対象は母や子どもにまで広がった。しかし、アメリカ合衆国には、市民サービスの改革が欠けており、政府職は政党の利権システム経由で分配される政治的名誉職だった。その結果、政府の腐敗が、これらのプログラムにたいする信用を失墜させた。それからというもの、アメリカの福祉史における影響力を左右してきたのは、国家の弱さや信用のなさ、民間セクターの相対的な強さや人気である。

一九三五年の社会保障法は、全米におよぶ社会保険制度を誕生させた（図7）。しかし、南部の抵抗と人種的ヒエラルキーのため、国民皆保険からはほど遠いものだった。農業労働者や召使は、その大半が黒人だったが、保険対象外で、社会扶助（扶養対象の子どもがいる家族への支援を含め）の運営は、州や地方当局に委譲されたが、その多くがほんの最低限の支給しかしなかった。

アメリカの制限的な（そして憲法で縛られた）連邦政府が遺したものは他にもある。ニューディール政策を推進した改革者が、全米を対象とする国家機関のインフラを築くのではなく、民間や企業の活動に規制管理を押しつけることで統治することを選んだことである。その結果が、際立って「規制的」な国家であり、そこで用いられるのは、民間のアクター、市場メカニズム、税制上の優遇措置からなる不格好な取り合わせである。この文脈のなか、私的年金や民間健康保険が確立され、金銭的な余裕のある人びとに好まれる代案となった。その結果、アメ

図7 「アメリカの家族にさらなる保障を」、社会保障委員会のポスター(1939年)。

リカの中間層は民間セクターによる福祉の強力な支援者となり、それからというもの、雇用主や営利の保険会社と連携して、公的支給の発達を実際に制限してきた。

一九六〇年代、ジョンソン大統領政権は「偉大な社会《グレイト・ソサエティ》」プログラムによってアメリカの福祉国家の「完成」を試みた。そのようなプログラムとして、メディケア（高齢者や障害者対象のヘルスケア）、メディケイド（貧困層対象の資力調査付きヘルスケア）、連邦住宅補助金、連邦教育基金、フードスタンプがある。ジョンソンの民主党政府は、貧困撲滅のための法案を通過させてもいる。一九六四年の経済機会法、「就労支援団体（Job Corps）」による職業訓練、「ヘッドスタート」と呼ばれる児童発達プログラムをそこに含めることができる。これらのプログラムは、数年のうちに、貧困状態のなかで暮らすアメリカ人の数を大幅に減らしたが、「貧困にたいする戦争」は保守派から厳しく批判され（そのような批判では、一枚めくれば人種主義的な部分が明るみに出るような論拠が持ち出されることもめずらしくなかった）、ほどなくして信用を失った。そのときから、アメリカの福祉国家は不完全なままで、分断と論争にさらされてきた。

アメリカのシステムは、そのほかの自由主義的レジームと同じく、大部分が残余的な性質を持っている。市場に取って代わるのではなく、市場を補完する設計になっているのだ。中間層の安定を確保し、極貧を軽減することを目指しつつ、それと並行して、市場プロセスを下支えし、再強化する。社会歳出は、その大半が資力調査付きプログラムと税控除に振り分けられ、脱商品化に回される分はごくわずかである。これはスウェーデンの政策バランスを反転させたものである。ここで明確に好まれるのは、市場の帰結を修正する移転プログラムではなく、市場で競争できる人材を作る公教育のような制度である。結果の平等ではなく、機会の平等を――それがアメリカ的価値である。

アメリカは民間セクターと市場プロセスを優遇する。それがとりわけ顕著なのは、ヘルスケア（営利の保険会社が目立つ領域）や、民間企業の福利厚生にたいする税控除である。市場が提供する解決策によせるこうした信頼は、広範囲にわたる民間依存にひそむリスクにもかかわらず、政権に次ぐ政権をして、消費者信用の緩和を、福祉の代替物かつ経済への刺激策として提供する方向に誘導してきてもいる。

失業やホームレス状態といった市場の失敗は、市場をすげ替えることではなく、市場を下支えすることを前提としたやり方で対処される。ここには社会権や経済権はほとんどない。失業給付期間は厳格に定められている。社会扶助は少額である。市場や民間主導によせるこうした信頼の随伴者となるのは、次のような貧困の受けとめ方である。貧困は、個人の失敗に端を発するものであって、シビアで現実主義的な政策（生活態度の変化、労働意欲の向上、シングルマザーの出産数の制限などを目指す政策）の構造的な条件や結果によるものではない、という認識である。

アメリカの福祉国家は、自由主義的レジームのなかでさえ外れ値であり、ほかの福祉国家に備わっている基本プログラムを持ち合わせていない。全国民対象のヘルスケア、家族手当、傷病休暇給付金や育児休暇給付金は、アメリカ以外の先進国ではスタンダードだが、アメリカには存在しない（オバマの二〇一〇年のアフォーダブルケア法〔オバマケア〕はヘルスケアの対象範囲を大きく拡大したが、二〇一四年末の時点では推定一〇パーセントのアメリカ人が無保険のままだった）。アメリカが提供する公営住宅はごくわずかで、家族を対象とするサービスやチャイルドケアの公的支給は最小限であり、公共交通機関は未発達で、公的扶助はひじょうにムラがあり、公共娯楽施設は全体的に限られている。教育歳出は比較的高いものの、アメリカの公立学校のパフォーマンスは他国と比べて見劣りする。比較論でいえば、アメリカの公共セクターは蔑みと無視にさいなまれている。

アメリカの福祉国家は高度に階層化されており、「受給権《エンタイトルメント》」（連邦政府の管轄、拠出型、権利《ライト》ベース、「正当」な受給という扱い）、「福祉《ウェルフェア》」（地方当局の管轄、非拠出型、ニーズ・ベース、「不当」な受給という扱い）、「企業福祉《コーポレート・ウェルフェア》」（課税優遇措置や民間給付から構成される、富裕層向け）のあいだに、深い分断がある。連邦制と憲法の複雑な絡み合いという背景と相まって、これらすべてが、ひどく錯綜した福祉国家――使いづらく、改革しづらく、運営コストが高い福祉国家――を後押しする。

アメリカの経済統治の様態にしても、他国以上に最小限で、市場順応的である。深刻な市場の失敗の対応に当たるのは政府であり、たとえば、二〇〇八年、アメリカ政府は金融セクターに七〇〇〇億ドルの財政出動を行っている。しかし、通常の状況下で、成長と好況を促進する手段として好まれるのは、自由な経済活動と制約なき競争の円滑化である。アメリカ経済は、スウェーデンやドイツの特徴である労使協調やコーポラティズムの徴候をほとんど示さない。労働組合は弱く、政府にはほとんど口出しできない。企業のロビー活動は金で強力な政治的影響力を買うものの、ビジネスリーダーたちが産業ないしは経済全体におよぶ規模で組織的行動に出ることはまれであり、業界的なアドバンテージをめぐって競争するほうを好む。

アメリカの労働市場にしても、ほかの福祉レジームよりはるかに規制が緩い。雇用保護は手薄である。雇用主は柔軟な雇用や解雇を行うことができる。そして、所得分布を均そうという動きはほとんどない。ここから生まれた大規模な低賃金のサービス・セクターは、とくに保守主義的レジームと比較した場合、アメリカの就業率を上昇させたが、大きな賃金格差も生み出した。CEOと平均的な被用者の給料のあいだには途方もないギャップが広がり、巨大なワーキング・プア層が創り出されたのである。二〇一四年、アメリカの労働人口の二五パーセント以上が全米時給中央値の三分の二に満たない額しか稼いでいなかった。アメリカの低賃金労働者の割合はOECDのなかでもっとも高い。そして、アメリカの低賃金労働者は、他国の同じ層より、健康保険、傷病休暇、有給休暇といった中核的な給付へのアクセスを持ち合わせていない傾向にある。

アメリカは収監率においても際立って高い。西欧の平均値の六倍から七倍のレベルで推移している。これは隔離《セグリゲーション》や貧困化の一種で、貧困層やマイノリティに集中しており、身体的には就労可能状態にある男性を数多く収容し、失業率を人為的に下げている。いまや貧困層対象

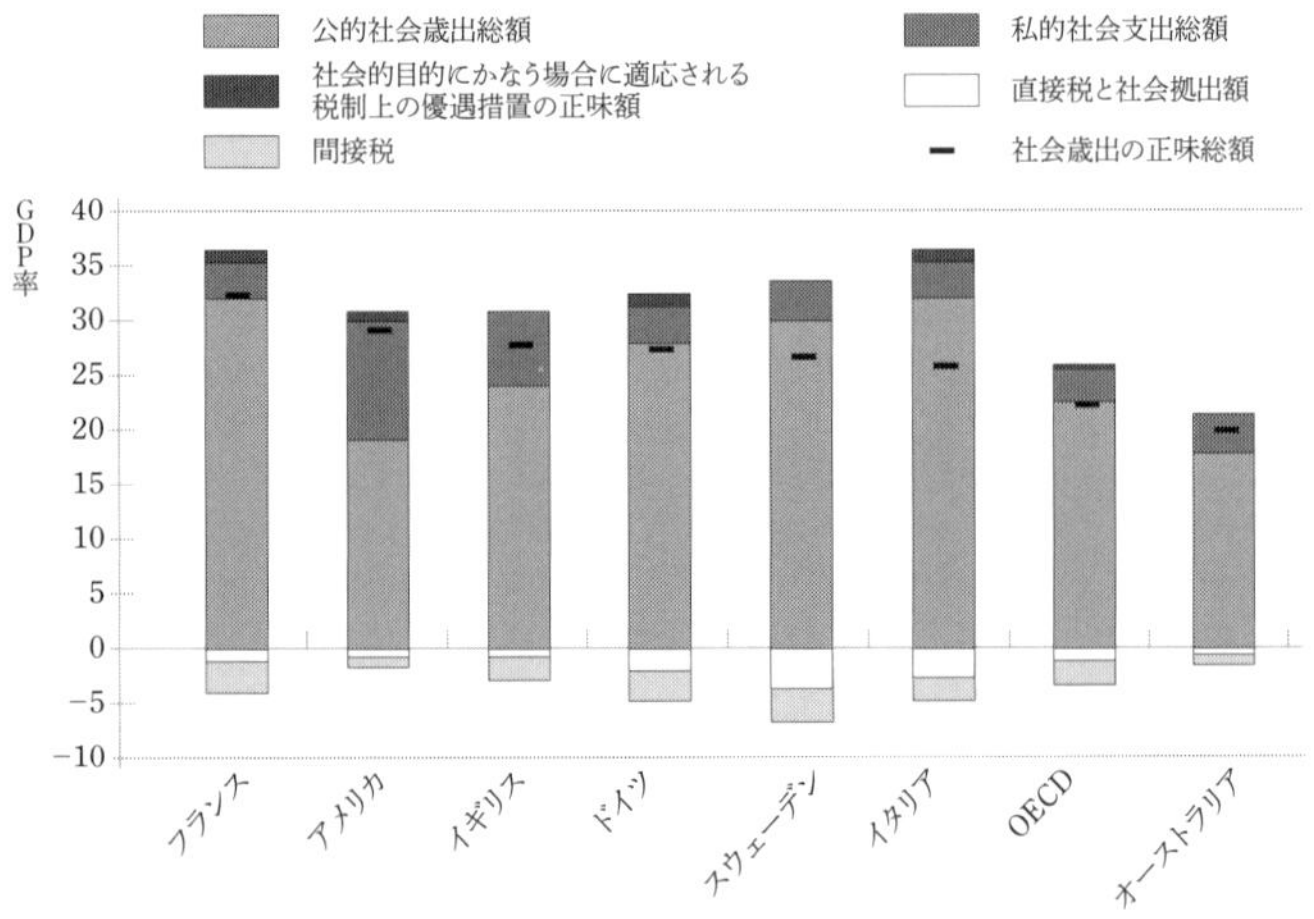

図8　公的社会歳出と私的社会支出。公的社会歳出総額と社会支出正味総額のGDPに占める割合（2009/10年の市場価格換算）。

のソーシャル・サービスの大部分が更生施設をとおして配分されており、刑務所は精神病患者の全米最大の受け入れ先となった。

良きにつけ悪しきにつけ、アメリカ人は、他国の福祉国家の市民より、市場プロセスにさらされている。その結果が、高度に階層化された社会であり、そこでは、巨大な富、巨大な貧困、極度の格差がはっきり現れている。アメリカの福祉国家が反映するのは、市場肯定的で、民間セクターを優遇するこうした歪みであり、支出の多くは民間ルートに流れる。それこそがアメリカのレジームを他から区別するのであって、全体的な支出水準の低さではない。こうして、アメリカの公的社会歳出の総額はＯＥＣＤの平均水準を下回り、スウェーデンやドイツと比べるとはるかに低いが、その一方で、アメリカにおける私的社会支出、社会的目的にかなう場合に適応される税制上の優遇措置は平均を上回っており、直接税も間接税も他国より低い。これらの総合的な帰結として、アメリカの社会支出の正味額は実際のところ他国よりも高い（図8）ということになるが、この支出の分配のされ方、そこから利益を得る社会集団となると、主要な違いがある。アメリカの福祉国家は「貧困層のための福祉」からほど遠く、その大部分は税額減免、控除、優遇措置に擬装されており、逆進制が高く、最大の給付を享受するのは富裕層寄りの世帯である。

「三つの世界」に収まらない福祉レジーム

エスピン＝アンデルセンは、今日の西欧世界に存在するもっとも重要な福祉国家類型への案内役として、信頼のおける存在だ。たとえ彼のマッピングする地形が現在変わりつつあるとしても、である。しかし、彼の記述に収まらない他の「福祉世界」が複数ある。

福祉国家は、ナチ政権下のドイツ、ヴィシー政権下のフランス、ファシスト党政権下のイタリア、ペロン政権下のアルゼンチンにも存在していた。福祉国家は、これらのレジームの特徴であったナショナリズム的、ポピュリズム的な政治、果ては、人種優生学的な政治においてさえ、ある役割を果たしていた。一九八〇年代まで、東ドイツ、ハンガリー、ユーゴスラビアといった国々は「国家社会主義的」福祉国家を持っており、完全雇用、労働権、（低水準ではあるが）

広範囲にわたる国家サービス、大量の補助金が投入された基本財（たとえば食料や住宅）を提供していた。かなり手厚い福祉国家は、今日、アジアの都市国家（たとえば香港やシンガポール）や、中近東の石油国家（サウジアラビア、アラブ首長国連邦、オマーン、クウェート、カタール）に存在する。とはいえ、その給付は国民のためのもので、移民労働者は対象外である。普遍主義的福祉国家を創出するうえで普遍的公民権が果たす役割について考えさせられる。新興勢力（たとえば中国、ブラジル、インド）は、自国の膨大な人口を対象に、ささやかな保障を提供する社会保険、年金、ヘルスケアのシステムを現在進行形で発展させている。EUは、二八の加盟国のなかで暮らす（またはEU内を移動する）ヨーロッパ市民の権利と保護の調整を拡大させている。

それゆえ、「三つの世界」という類型化はまったく包括的ではない。そこで焦点化されているのは、一九八〇、九〇年代に存在していた西欧世界の民主主義国家であり、それらの国々の福祉レジームである。それに、すべての西欧福祉国家が三つのカテゴリーのどれかひとつにピタリと一致するわけでもない。イギリスはとくに分類が難しい。イギリスの福祉国家はハイブリッドのようなもので、その主要な特徴は時とともに変化してきたからである。この難しさを例証するために、変転するイギリスのレジームを手短に要約してみよう。

ここ数十年、イギリスの福祉国家は、アメリカ合衆国やその他の英語圏の国々が属する自由主義陣営に接近してきているが、創設当初の形態はずっと社会民主主義寄りだった。イギリスの福祉国家のオリジナル・プラン――かの有名なベヴァリッジ・レポートが描き出す計画――

で構想されていたのは、能率化された行政による、平等主義的原理を基盤とした普遍主義的システムだった。その核心にあったNHSは税金を財源とするシステムで、包括的なヘルスケアを全国民に無償で提供するものであった。これと同じ平等主義的普遍主義に特徴付けられた家族手当システムは、子あり家庭に資力とは無関係に現金給付を行った。普遍主義的原理は国民保険（NI）にも広がっており、その基盤は、全員一律の同額拠出――労働者一人ひとりが週ごとに購入する国民保険料《スタンプ》が拠出金に相当した――と、全員一律の同額給付だった。

戦後イギリスの福祉国家は、完全雇用を掲げ、教育とヘルスケアを無償化し、手ごろな価格の住宅を提供することに心を砕き、社会市民《ソーシャル・シチズンシップ》であるという包摂的な意識を促した。しかし、北欧諸国やヨーロッパ大陸の国々と違っていたのは、経済マネジメントにかんして、協調的ないしはコーポラティズム的なスタイルを発展させなかった点である。イギリス政府は、初期の段階で石炭、鉄鋼、鉄道を国有化したにもかかわらず、産業の直接管理はほとんど行わず、経済計画にはほとんど踏み込まなかった。事実、労働党政権は、投資家を怖がらせ追い払ってしまうことを恐れて、資本やビジネスの利害にたいして友好的であるように見せかけることに余念がなかった。労働組合はコーポラティズム的な協定に抵抗し、自由な団体交渉のほうを好んだし、雇用主のほうは、足並みをそろえた行動より、自由な経済活動や競争を重んじた。その結果、イギリスの政治経済は、根本的には自由主義的なままだった。戦後政権は投資を推奨し、支給額を健全なバランスに保ち、成長と完全雇用を推し進めようとしたが、それを、コーポラティズム的な経済マネジメントが持つ強力なツールなしに行ったのである。長期的な観点からすると、この調整なき自由主義的資本主義の優遇によって、イギリス政府は手詰まりになっていく。賃金協定や価格協定を確保し、産業の平和を確実なものとして、インフレーションをコントロールする能力が制限されることになっていくからである。

イギリス政府は、競争相手である大陸の政府――その大半は、第二次世界大戦によって荒廃しており、再建されなければならなかった――とは異なり、経済の現代化に失敗したのであり、どこよりも成長率が低かった。その結果、社会支出はより緊縮的になった。こうして、イギリスの福祉国家は、対象範囲のほうは拡大できても、給付水準やサービスの質となると、向上する生活水準と歩調を合わせることができなかったのである。人びとが以前より裕福になっていくにつれて、全員一律の低水準の給付では所得に見合うものを提供できなくなり、裕福な労働者はますます民間セクターに目を向けるようになっていった。それは、回りまわって、公共サービスが貧困層対象の二級品であるような印象を与えることになり、公共サービスの世論受けをいっそう悪くし、その政治的な実効性をますます目減りさせた。ＮＨＳは例外として重要である。ＮＨＳは全人口を対象とする医療の基本的な提供元であり続けている。しかし、ヘルスケアでさえ民間セクターが発達し、いまでは多くの人びとが、人工股関節置換や白内障の手術待ちを避けたり、よりよい病棟で療養したりするために、有料医療を利用している。私的福祉と民間保険とともに出現した公私二層システムは、一九八〇年代に大規模失業が再発し、さらに多くの人びとが社会扶助に依存するようになると、階層化が進んだ。一九七九年、六人に一人のイギリス人が資力調査付き支援に頼っていた。一九九七年までに、その割合は三人に一人になった。

イギリスはこのようにして、普遍主義的福祉国家から、より制限的でより残余的なレジームにシフトしたのである。そのレジームは、平等主義的な北欧レジームに似ている以上に、自由主義的なアメリカ・モデルに似ている。もちろん、イギリスの福祉国家をアメリカのそれから峻別する大きな違いはいまなお存在する（そして、さらにややこしいことに、スコットランドに権利委譲された福祉国家制度――高等教育、ソーシャル・サービス、NHSスコットランド――は、他の連合王国から分岐し始めている）。しかし、国際的なスペクトラムのなかに位置付けてみた場合、イギリスとアメリカはいまや、ヨーロッパ大陸諸国の福祉国家に似ている以上に、互いに似ているようである。だから、「福祉国家」を論じるとき、イギリス人もアメリカ人も次のことを肝に銘じておいたほうがいい。イギリス人やアメリカ人がよく知っているバージョンの福祉国家とは、あれこれの重要な点において、西欧世界のなかでもっとも範囲限定的で、もっとも出し渋る部類に入るものなのだ、ということを。

第六章　問題点

日常の雑談や政治的論議では、福祉国家の問題点が話題の的になることがひじょうに多い。そのような話のなかには、イデオロギー的な反対派や筋金入りの自由市場論者の不平不満であると退けてしまえるものもあれば、貧困、無保障、不健康を緩和するうえで福祉国家が収めてきた成功を指摘することで論駁できるものもある。しかしながら、福祉国家の熱烈な支持者でさえ、次のことは認めている。福祉国家が問題含みであること、批判を招きかねないものであること、とくに、「福祉詐欺」、「タカリ屋」、納税者の金の無駄遣いのエピソードに憤る労働者からの批判があること、である。もちろん、そのようなエピソードの多くは真実ではないし、世間はしばしば福祉国家の根本的な事実を誤解している。しかしながら、批判のすべてが簡単に切り捨てられるわけではないし、福祉国家の支持者が過小評価する問題点こそ、批判や不満を抱く人びとが語気を強めるところでもある。

福祉国家は、問題解決装置を中核に持つものであり、近代国家の社会生活と経済生活につきものの機能不全をマネジメントする設計になっている。しかしながら、福祉国家は、福祉国家特有の問題を作り出してもいる。モラルハザード、高騰するコスト、労働市場の硬直性、官僚主義的な形式主義などであり、それらはときとして、福祉国家という営為全体の評判を落とす危険をはらんでいる。後の章で見るように、そのような問題は厄介であるし、どうしても起こってしまうものである。しかし、そういった問題の重みを量りながら、わたしたちはつねに「何が可能か」、「代案は何か」と問うべきである。福祉国家が問題を抱えていることは否定できない。真に問うべきは、それらの問題がマネジメント可能なのかどうか、他の取り決めが抱えている問題と比べてみた場合どうなのか、である。

治療ではなく、マネジメント

福祉国家プログラムは完全な成功には至らない運命になっている。設計からしてそうなっているのだ。市場は失敗し、家庭は機能不全に陥るものだが、福祉国家はそうした災難の治療を目的としない。市場を廃止したり、家族を何か別のものに置き換えたりすることは、福祉国家プログラムの目指すところではない。高度に機能的な福祉国家においてすら、無保障、不平等、貧困、社会的排除が部分的に続いていくとしたら、それは、このような結果を生み出す根本的な経済プロセスと社会プロセスが頑として残り続けるからである。

福祉国家は、市場資本主義や私的家族に取って代わるものではない。対症療法的な付属物なのだ。このハイブリッド性を考慮に入れると、福祉国家政策がみまわれる困難の多くを説明できる。すでに述べたように、福祉プログラムは問題含みのものだが、それは、社会国家と市場資本主義のあいだの根本的なシステム＝コンフリクトのためであり、経済プロセスと家族プロセスがしばしば規制管理をすり抜けるためである。指令経済や全体主義的レジームとは対照的に、福祉国家がアプローチする市場アクターや家族メンバーは、柔順な主体でもなければ、受動的な客体でもない。これらは戦略的行為体であり、私的活動と個人的選択がその生育地である。これらの活動は、命令によってやらされるものではなく、ナッジや誘導によるものであるからこそ、それに従わない余地がつねにある。

これらの特徴によって、福祉国家は困難に付きまとわれることが確定する。一九五〇年代の問題は、インフレーションと頭打ちの成長という脅威だった。それから一〇年後、問題は、過剰な官僚制、過剰なコントロール、貧困の残存だった。一九七〇年代の中心的な問題は、「スタグフレーション」（高い失業率、高いインフレーション率、低い成長率）であり、一九九〇年代の問題は、失業と「依存文化」だった。今日の問題は、経費削減と公債である。システムはどうやらつねに危機状態にあるらしい。しかし、これらの危機が、例外的な特徴ではなく定期的なものであるというのは事実であり、ひょっとすると、システムに内在する特性として理解したほうがよいのかもしれない。こうした困難は、差し迫る崩壊の予告ではなく、絶えざる調整や改革が必要であることを告げる合図なのだ。

政治的難題と適応問題

福祉国家は、所得、富、生活機会《ライフチャンス》の市場ベースの分配を修正する。そして、そのような修正のなかで、再分配の勝ち組と負け組を創り出す。一九五〇、六〇年代の社会政策は、労働組合を強化し、所得格差を縮め、労働者階級世帯の生活水準を引き上げることで、労働者へのパワーシフトを起こした。それと同じように、一九八〇、九〇年代の新自由主義的改革もまた、政策補正や変わりゆく経済状況への適応にとどまるものではなかった。それらは、階級の利害、特定集団の利害の表出であり、組織された労働者から企業資本や金融資本へのパワーシフトを起こし、公共セクターを弱体化させ、市場勢力を強化するものであった。

福祉改革はつねに、乏しい財源をめぐる闘いであり、新しい政策はみな、そのようなせめぎ合いのなかで新たな前線を築き、利害集団を新たに動員する。雇用者と被用者、リタイア層と若者層、子持ち家族と子なし家族、納税者と福祉受給者、高所得層と低所得層は、それぞれが、これらの闘いのなかで互いに相容れない利害を賭けている。福祉をめぐる議論は、人種、階級、ジェンダー、移住をめぐる衝突と交錯するため、これらの論争はひどくヒートアップし、象徴的な意味合いを帯びることもめずらしくない（税制優遇という隠れた福祉はたいていさして注目を集めない）。福祉政策は不公平だ、非生産的だと主張する反対派との対決はいつものことだが、福祉国家は定期的に、全面的な政治的難題に遭遇する。そのような難題のひとつである一九八〇、九〇年代の新自由主義からの攻撃は、七章で取り上げる。

福祉国家は、無保障、貧困、不健康、家族の破綻の問題に取り組むが、これらの問題の性格をどのように捉え、どのような解決策を優先するかは、レジームごとに異なるし、時とともに変化する。一九世紀当初、長年にわたる「貧民」の問題は、「受給窮民」という新たな問題になった。一八九〇年代以降、そのような個別化された捉え方は、「貧困」、「不定期労働」、「失業」という構造的なものを重視する考え方に取って代わられた。二〇世紀の終わりまでに、失業は、供給サイドの「雇用掘り起こし」や「再雇用」の問題とみなされるようになったが、その一方で、貧困問題にたいする見方はさまざまであり、相対的貧窮や社会的排除とみなされることもあれば、文化的な病理、不十分なワーク・インセンティヴ、人的資本の欠如とみなされることもあった。

考え方は時とともに変わるが、そのような考え方を推進する文脈も変わる。福祉国家は、つねに変動する社会＝経済的な地勢で稼働する。労働市場、人口統計、世帯構造、文化的価値観、市民の期待値における変化はすべて、福祉国家プログラムにも、福祉国家プログラムについてのわたしたちの考え方にも、影響を与える。福祉国家の歯車は、変動する部品で構成されたこのような集合体と連動するようになっているからこそ、社会＝経済的な変化への適応は現在進行形の問題なのである。適応をめぐって福祉国家が今日直面している難題については、八章で取り上げる。

運営の問題

政治的な難題や社会＝経済的な変化は、外側から福祉国家に働きかけるプロセスである。しかしながら、福祉制度は、自身の活動が生み出した問題にみまわれてもいる。キャッシュとサービスの分配を受け持つ巨大機構《マシーン》である福祉国家は、腐敗や濫用を引き寄せるし、それは一般納税者からすると、ひじょうにうんざりした気持ちにさせられるものである。政治家たちが嬉々として指摘するように、不正受給者やタカリ屋の悪事は、「懸命に働き、ルールを守っている」人びとの怒りを買っている。問題の射程はしばしばひどく誇張されている——コストの面から言えば、貧困層による不正行為より、富裕層による税金逃れのほうがはるかに高くつく——とはいえ、これらの問題が起こっていることに疑いの余地はない。

不正受給はどの福祉システムにとっても問題である。人びとは虚偽の申請をする。充分働けるぐらい健康なのに病気と主張したり、存在しない扶養家族の世話や介護をしていると主張したりする。「帳簿外《オフ・ザ・ブック》」で働いているのに失業給付金を受け取ったり、本当は働くことを避けているのに求職中のフリをしたりする。グルになった医師が就労不能を証明する診断書を出すので、身体的に健康な被用者が退職して障害給付金を受け取る。ほかにもさまざまな例がある。

Box 8　ロナルド・レーガンによる福祉女王の話

「彼女は80の名前、30の住所、15の電話番号を使い、フードスタンプ、社会保障（Social Security）、架空の退役軍人の亡夫4人の退役軍人給付金を受け取る。非課税の現金所得だけで、年15万ドルの利益を上げている。」

ロナルド・レーガン、1976年。

ほとんどの「福祉女王」の話の例にもれず、この話も大部分は架空の神話である

これらは正真正銘の問題である。たとえ問題の射程についてひどい誇張があるとしても（Box 8）、これらの問題は福祉システムの評判を落としている。

これ以上に問題なのは、福祉機関による大規模な詐欺であり、これがとくに問題化するのは、公的機関がサービスを購入し、民間業者がそれを提供する福祉国家の場合である。アメリカの新聞報道によれば、メディケイド詐欺をする医師、州に水増し請求する老人介護施設の経営者がおり、賄賂を受け取って民間の拘置施設に若者を移送する判決を下す少年裁判所判事さえいるという。

当然ながら、これらの濫用を制限するために対策を講じることはできる。申請を詳しく審査し、不正行為を調査し、違反者に罰金を科すことはできる。これらはたいていのシステムで行われていることにほかならない（啓示的なことに、総じて、富裕層による税金逃れより、貧困層による福祉詐欺の調査のほうに労力が費やされている）。しかし、さらに深い問題がある。申請条件を満たす個人をできる

だけ多く参加させ、一定水準の対応を最大限提供しながら、福祉の濫用を最小化するにはどうすればよいのか、という問題だ。福祉機関は近年の緊縮政策に追随するなかで、制止という誤ったところに迷い込んでいる。その結果、申請者はしばしば辱めのような精査や疑義にさらされている。

　これと関連した問題として、福祉機関の不品行がある。あらゆる事業の例にもれず、福祉国家機関もまた資金に事欠くことがあり、パフォーマンスはお粗末で、提供するサービスは不十分、問い合わせに応えなかったり上から目線の対応になったりすることもある。したがって、福祉国家プログラムに向けられる非難の多くは、優良機関や質の高いサービスを確保するために十分な財源をつけられない議会や政治家に向けたほうがよいのかもしれない。新自由主義的な常套句とは裏腹に、資金を投入することで解決可能な問題はあるし、福祉機関に充分な財源をつけないことは、お粗末なパフォーマンスを招く主因であるが、回避可能な原因でもある。

　受給権を持たない人びとに給付をしていると福祉機関はしばしば批判されるが、逆の問題のほうがずっと一般的だ。福祉機関が申請手続きの難易度をあまりにも高くし、自尊心を損なうようなものにした結果、正当な権利にほかならない給付を請求することをクライエントがためらってしまうという傾向である。この問題の影響をとりわけこうむるのは、社会扶助に申請しようとしても、あまりに煩雑で、ハードルの高い手続きにみまわれるため、給付申請が事実上フルタイムの仕事になってしまう人びとである。

福祉機関は、柔軟性に欠けていたり、反応が悪かったりすることもある。失業給付金の担当部署や職業安定所は、申請者が邪険に扱われる、気の滅入る陰鬱な場所であることもめずらしくない。公共娯楽施設や公立学校は、運営がお粗末で、期待を下回る成果しかあげていないこともある。イギリスの公営住宅の借主は、借主がよく口にしていた苦情によれば、地域の住宅担当部署は、借家の管理について借主に何の権限も与えず、玄関の扉を好きな色に塗る許可を与えることさえ拒んだという。高圧的なお役所仕事は、自律性の育成を助けるどころか、クライエントの力を削ぎ、意気消沈させることもある。福祉支給は、狭量な父権的温情主義の型にはまってしまうこともある。たとえば、パーソナル・ソーシャル・サービスの場合なら、ソーシャルワークが説教じみた社会的管理《ソーシャル・コントロール》になってしまうとき、ヘルスケアの場合なら、不健康なライフスタイルを改めようとしない喫煙者や肥満患者にたいして「ライフスタイルに基づく規制的支給」が緊急性のない治療を差し控えるときである。今日の消費社会において、救貧法時代の嘆願者のような扱いを受けても当然だと思っている人はいないし、公的機関がクライエントをぞんざいに扱うたびに、民間セクターはその比較でより魅力的に見えてくる。

超過歳出も問題である。公的機関には、民間セクターの原則であるコスト管理規範が欠けていると言われる。他人の金を湯水のように浪費し、コストを抑えることより、自分たちの予算や官僚組織を拡張することに関心が向いているという疑いをかけられている（Box 9）。政府による移転支出は「穴の開いたバケツ」にたとえられ、資金の無駄遣いはプロセスの必然的

Box 9　福祉官僚と「プロの貧乏人」

「わたしたちが闘っているのは、福祉国家を擁護する大金食らいの政治家であり、福祉システムを拡張できるかどうかに自らの職の命運がかかっている福祉官僚であり、福祉を生き方として採用したプロの貧乏人一味である。」

ロナルド・レーガン知事、「ウォール・ストリート・ジャーナル」、1970年

な一部とみなされている。

消費者選択、コスト、効率性についての懸念は、一九八〇年代に福祉国家が受けた決定的な攻撃のなかで顕著に現れていたものであり、それ以後、世界のいたるところで福祉国家の再構造化や縮小化につながっていったものである。ここ数十年の新自由主義的改革が優先してきたのは市場メカニズムであり、それによって、実績指標、予算管理、購入者＝提供者間合意が、効率性を追求するインセンティヴとして、公共セクターのなかで過剰なまでに導入されてきた。しかし、ソーシャル・サービスは効率的であるべきだ、ソーシャル・サービスは消費者の選択やクライエントの自律性を可能にするべきだと信じるために、市場原理主義を全面的に受け入れる必要はない。事実、革新派が最低保証所得額や広範囲におよぶ脱商品化に賛成するとき、それらを正当化する議論のなかで中核をなすのは、個人の自律性の促進である。それに、公的機関はその性質上、民間の競争相手より費用対効果が低いと決めてかかるべきでもない。よく知られているように、ＮＨ

Sの資源使用は効率的で、アメリカのヘルスケアよりはるかに運営コストが低い。

サービスの提供に規制をかけ、質の高い地域サービスを確保するやり方はいくつかある。WS1.0の古典的アプローチは、専門家を信頼すること、専門家による公共サービスの気風《エートス》の清廉潔白さや自律自制を信頼することである（この点については言うべきことがまだたくさんある）。しかし、別のやり方で規制を推進することもできる。第三者による監督であり、対象、予算、実績評価基準の設定であり、クライエントへの聞き取りであり、サービス提供者に競争させて公的機関やクライエントがその中から選べるようにすることである。それから、給付システムの簡略化を進め、透明性や利便性を高めることも可能だ。驚くべきことに、アメリカの社会保障制度は、資力調査付きの福祉よりはるかにユーザー・フレンドリーである。単一支払者制《シングル・ペイヤー》を採るヘルスケア（たとえばNHSやメディケア）は、たいていのアメリカ人が甘受している高度に官僚化された民間保険システムよりはるかに使いやすい。

逆転効果

経済学者のアルバート・ハーシュマンは、社会改革を批判する保守派の論客がある修辞的語句のトリオ——ハーシュマンの用語に従えば、「逆転」、「危険性」、「無益」——を好むことを明らかにした。これらの言葉はみな、福祉国家をめぐる批判的言説のなかで目に見えて繰り返

Box 10　すべては裏目に出る

「失業補償は、失業を促進する。要扶養児童家庭扶助（AFDC）は、依存度の高い、父のいない家族の数を増やす。就業不能保険は、ちょっとした病気を一時的な就業不能に、部分的な就業不能を永続的な就業不能に昇格させることを促す。社会保障（Social Security）の給付は、高齢世代の軽視を促し、世代間のつながりを解体しかねない。資力調査付きのプログラムはすべて、「貧困」の価値を高め、結果的に貧困を永続化する。」

ジョージ・ギルダー、逆転効果のレトリックが満載の発言、1981 年

されている。

批判者の大のお気に入りの非難は、福祉プログラムは裏目に出るというものだ。意図しなかった結果や「逆転」効果を生み出し、事態を改善するどころか改悪するというのである（Box 10）。古典的な事例に次のようなものがある。地方政府は、地域の貧困層の数を減らそうとして、容易にアクセスできる給付金を与えるが、その気前のよさは、余所の地域から追加の申請者を引き付ける結果にしかならない、というものだ。この「磁石効果」問題には長い歴史がある。一六、一七世紀は、あちこちを行ったり来たりする浮浪者、主人のいない下男、プロの物乞いの問題があった。今日は、「給付目当ての移住《ベネフィット・ツーリズム》」の問題であり、福祉サービスにたいする権利を主張する海外からの季節労働者の問題である。手厚い支給は、地域の貧困を軽減するどころか、悪化させる可能性がある。

このような事例、または、このような疑いをかけられた事例は、枚挙にいとまがない。手厚い失業給付は、労働意欲を弱め、失業を創り出すと言われる。シングルマザー支援は、非嫡出子の増加につながると考えられる。住宅を手ごろな価格に抑えることを目的とする家賃統制は、賃貸物件の供給を減らす疑いがある（イギリスの「ベッドルーム税」は、「空室あり」に罰則を設けることで、これを是正している）。家賃補助のおかげで、給付金に頼って暮らしている家族が、必要以上に広いところに住めてしまう。勤労所得税額控除（ＥＩＴＣ）は、雇用主に賃金引き下げを促す可能性がある。申請者の所得が一定金額を下回ったとき給付金が支払われる場合、「貧困の罠《トラップ》」——給付金を失い、暮らしむきが悪くなることを怖れて、就労しない——という結果を招きかねない。

同じ問題の別のバージョン（経済学者が「モラルハザード」と呼ぶもの）に、「大きすぎてつぶせない」会社の問題がある。最終的な保証人という政府の事実上《デ・ファクト》の役割、破産寸前の大企業に進んで財政出動を行おうとする政府の意志は、ハイリスクな振る舞いを助長する可能性がある。たとえば、二〇〇八年のリーマン・ショックはそのような可能性を克明に描き出した。経済学者のなかには、福祉国家はモラルハザードの主因であるという意見を持つ者もいる。福祉国家は市場アクターにリスクにたいする保障を与え、そうすることで、アクターの注意力、創造性、起業精神を弱めている、というのがその理由である。

福祉は裏目に出るという主張に大いに訴えかけるところがあることはまちがいないし、現実

Box 11　福祉と選択の限界

「労働にたいしてひどく低い賃金しか払われない女性がいるかぎり、外部のサポートがほぼ皆無のフルタイムの仕事か福祉かの二者択一しかないかぎり、医療のような給付を得るルートが福祉システムしかない女性がいるかぎり、福祉給付が個別に与えられるかぎり……多くの人々が長期にわたって福祉に依存することになるだろう」

メアリー・ベインとディヴィッド・エルウッド、一九九四年

に即している部分もある。しかし、裏目の結果を避けるためにできることはたくさんある。「磁石」効果の根本原因は地域ごとにばらつきのある支給であり、居住条件をつけることで、問題はたいてい軽減される。行政区を拡大し、支給を一律に近づけることでも、問題を回避できる。身体的には就労可能状態にある健康な個人が給付金頼みの生活を故意に選ぶ問題は、総じて誇張されている——とはいえ、給付金がなければチャイルドケアやヘルスケアにも事欠くシングルペアレンツがそのような生活を選ぶのは理解できる。それに、職があまりに低賃金で、福利厚生がまったくない場合のほうが、この問題はずっと起こりやすい（Box 11）。一定水準の最低賃金、福利厚生、職場の状況改善は、逆転効果を軽減することがわかっている。

比較研究や歴史研究のエビデンスは、手厚い福祉が貧困を増大させるという主張に疑問を投げかける。スウェーデンの給付は比較的手厚いが、貧困率は低い。

アメリカの貧困層対象の福祉は比較的手薄だが、貧困水準は高い。数カ国にまたがる国際的研究は、貧困率と福祉歳出が反比例の関係にあることを示している。「大きすぎてつぶせない」問題の解決策は、リスクが悪化すると破綻してしまうと脅すことではなく、むしろ規制と監視を行い、リスク引受、貸付、投資が安全な範囲内にとどまるようにすることである。

価値観を脅かす

頻出する不満の第二は、福祉プログラムがもたらす給付はそのために発生する間接的なコストによって相殺されているというものである。極限まで単純化すれば、これはトレードオフの問題だ。普遍的給付は、それを必要としない人にまで支給するが、平等主義的で、運営が容易という利点がある。特定層を対象とする給付は、コスト節約にはなるが、受給者は烙印《スティグマ》を押されることになり、受給率は下がる。所得連動型の給付は、中間層からの支持を集めるが、不平等を強化する。雇用保護は、企業の力や事業主の専横に制限をかけるものの、投資を減らし、労働市場の硬直化につながりかねない。児童支援は、児童の保護者への給付をともなうが、そのなかには支給を受けるにはふさわしくないとみなされる保護者がいるかもしれない、などなど。

さらに強力な異議がある。福祉国家はわたしたちが大切にしている価値観を脅かすという主張だ。この批判は、福祉国家プログラムが重要な理想を表明していることは認めつつ、それを上回るほどではないとしても、同じくらい大切な他の理想が福祉国家プログラムによって脅かされていると力説する。したがって、福祉国家の給付は、その隠れた道徳的コストによって差し引きゼロになっている、というのである。ここでも具体例は数多くある。社会問題を軽減する責任は国家だけにあると人びとがみなすようになるため、家族、教会、チャリティ団体によるボランティアが減る可能性がある。福祉給付を行うことは、物質面では受給者の暮らしをよくするが、心理的な依存を高め、自律が損なわれる可能性がある。長期にわたる給付金依存は、申請者を堕落させ、独立心や労働意欲を挫き、自尊心や責任感を弱める可能性がある、などなど。

このような危険性にたいする批判のなかでもっとも知名度が高いのは、次のバージョンかもしれない。福祉国家は、公平を推し進めようとして、効率性をないがしろにし、その結果、長期的には成長を弱め、貧困を増大させるという主張である。しかし、もっともらしく聞こえるこの問題は、頻繁に引き合いにだされるにもかかわらず、公平と効率性のトレードオフ仮説を裏付ける実証的エビデンスとなると実際はひじょうに薄弱で、スウェーデンのような現実の事例は、このトレードオフが回避不能ということはまったくないことを示している。

福祉国家は間接的なかたちで価値観を脅かす可能性もある。福祉国家が促す振る舞いにおける変化は、積もりつもって、価値あるものとみなされていた制度を切り崩していくというのだ。

給付やサービスの提供は、世帯や家族構造に変更をもたらす可能性がある。離婚、シングルペアレンツ家庭、高齢者のひとり暮らしなどを後押しする可能性がある。家族間の持ちつ持たれつの義理関係を希薄にし、家族の連帯を弱める可能性がある。これらすべての点において、国家による福祉は「家族をないがしろにする」、すくなくとも、家族形成や家族関係の伝統的なパターンを崩壊させる可能性があるとされる。

しかし、これは避けられないものなのだろうか。問題視すべきものなのだろうか。五章で示したように、保守主義的な福祉国家は、最近まで、明確な意図を持って、伝統的な家族の維持を目的としたかたちで給付を構造化していた。というのも、保守主義的な福祉国家を持つ国では、そのような家族形態が本質的に望ましいものであるとみなされていたからである。それとは対照的に、社会民主主義的な福祉国家は、個人の自由やジェンダー間の平等を推進するという関心のもと、明確な意図を持って、家族がその成員におよぼす支配を緩める。ある国にとっての悲劇的なトレードオフも、べつの国からすると道徳的進歩であるらしい。

「依存」の問題も同じように複雑で、異論を招くものだ。福祉国家の批判者に言わせるなら、申請者が国家からの支給に依存していること、それがときに長期にわたることは、道徳にたいする侮辱である。このように福祉国家を批判する者たち――そのひとりに数えられる有名人に、アメリカ上院議員ダニエル・パトリック・モイニハンがいた――は、依存を、尊厳や自律の欠如によって特徴付けられた道徳状態や心理状態とみなす。福祉国家プログラムのなかにも、福祉受給者のなかにも、これが深刻な問題になっているケースはまちがいなくある。しかし、わたしたちはこの問題をさらに広い文脈のなかで検討すべきだ。第一に、わたしたちの誰もがみな他の誰かを頼りにしており、さまざまなニーズを充たすために、家族、雇用主、資産を当てにしていることを心に留めておくべきである。完全に自律している個人はいない。わたしたちの誰もがみな、あれこれのサポートを求めて、ソーシャル・ネットワークに頼っている。第二に、頼ること自体は悪ではない。充分に発達した社会権を有する福祉国家では、国家から給付金を受け取っていることは、道徳的烙印《スティグマ》を押されることではない。アメリカ合衆国やイギリスのような市場志向的レジームでさえ、市民の大多数が人生のなかで何度も国家に頼っている。学校教育、ヘルスケア、転職期間のサポート、年金などである。福祉依存という烙印《スティグマ》は、政治的態度と相関するものであり、階級や人種についての偏見がらみである場合がひじょうに多い。

依存問題以上に深刻なのは、長期にわたるクライエントが、再び働き出すためのとっかかりとなるエネルギーや精神力ばかりか、ソーシャル・ネットワークやサポートにも事欠くようになり、自分は雇ってもらえないと思い込んでしまう可能性である。しかし、これにしても、その帰結はさまざまであり、最良の制度や機関はクライエントを貶めることなくサポートし、技能習得を手助けし、自律をいっそう高める手引きをすることで、この問題に対処している。

無益

　福祉国家にたいして頻繁に投げかけられる第三の批判は、福祉国家の試みは無益で、そのプログラムは失敗しているというものである。この非難がとくに槍玉にあげるのは、経済をマネジメントし、貧困を終わらせ、格差を減らそうとする政府の努力であり、この非難は左からも右からも寄せられる。この主張を検討するさい、わたしたちは先に述べた点を心に留めておくべきである。すなわち、福祉国家は、設計上、資本主義社会の問題を軽減するものであって、それらを一掃するものではないということ、福祉レジームが違えば優先される目的は異なり、成功の度合いが違ってくることである。

　鍵となる事例を取り上げよう。福祉国家は格差を終わらせなかったというのは真実である。しかし、これを失敗扱いするのは無理がある。明確な平等主義志向を持つのは社会民主主義的レジームだけだが、このレジームですら、社会主義を目指しているとは主張しない。福祉制度が実際に格差を再強化し<u>てい</u>ているという非難のほうが、問題としてはさらに重要だ。これは実際に起こっていることだからである。保守主義的レジームでは、職業、地位、ジェンダーにおける不平等が、社会政策によって意図的に再強化されている。自由主義的レジームでは、逆進的税控除にしても、ヘルスケアや高等教育のような福祉国家政策にしても、その恩恵を第一に享受するのは、往々にして富裕層や中間層世帯である。

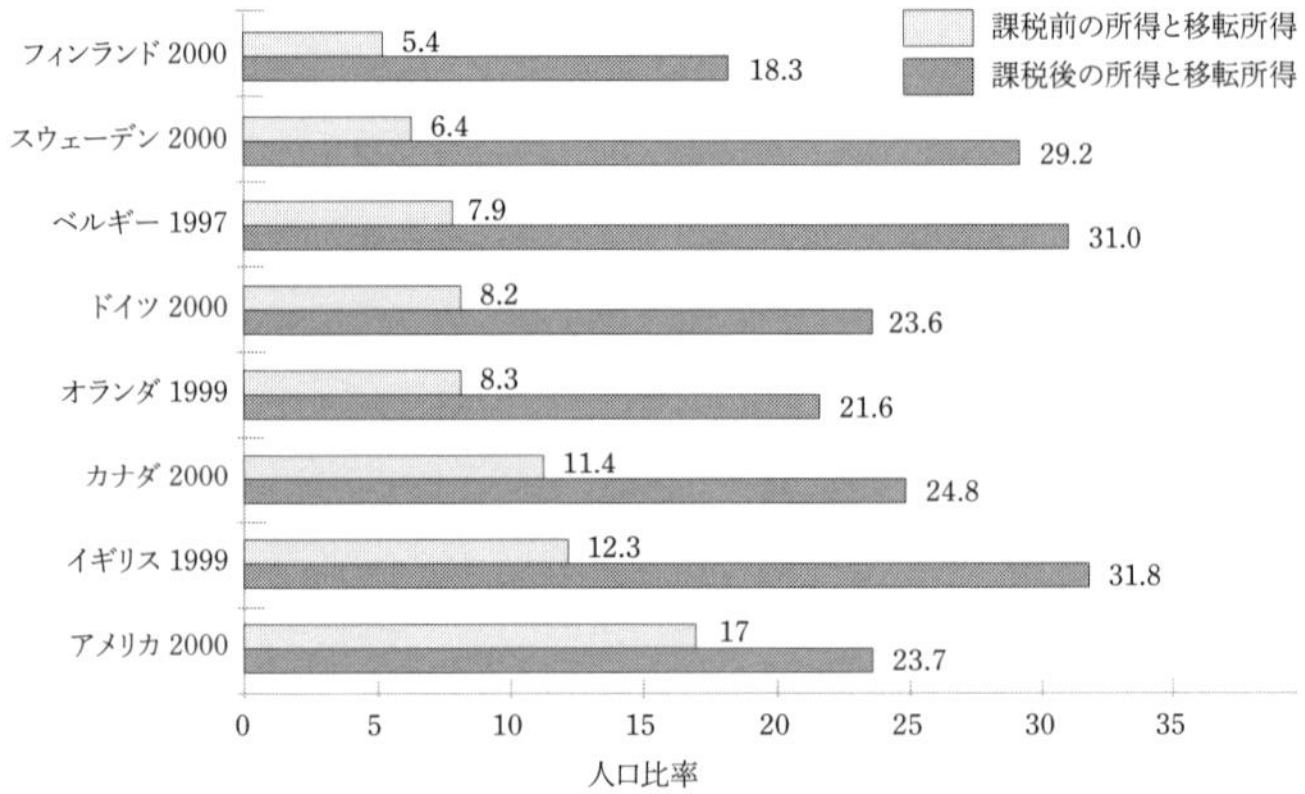

図９　８カ国の貧困。「可処分所得が国の中央値の半分以下に当たる人々の８カ国における比率」。

貧困、ホームレス、未対応の病弊が残存していることは、さらに深刻な失敗とみなされなければならない。というのも、これらの問題は、あらゆる福祉国家レジームが明確に取り組んでいるものだからである。たとえある程度の失敗は想定内であるとしても（市場プロセスの支配が継続していることを考慮しないわけにはいかない）、これらの問題の残存具合は、福祉国家レジームやその再分配効果の有効性を測る尺度となる。これらの尺度で高スコアとなるのは、北欧諸国であり、ドイツ、ベルギー、オランダといった保守主義的レジームである。それとは対照的に、アメリカ合衆国やイギリスの高い貧困率は福祉政府の体面を傷つけるものであり、福祉政府の犯している重大な失敗のシグナルである（図９）。

　無益だという非難がもっとも頻繁に浴びせら

れるのは、経済を統治しようという試みである。もっとも辛辣なのは自由市場論者だが、左翼思想家も批判に回り、福祉と資本主義のあいだの矛盾は根本的なもので、折り合いをつけることはできないと力説する。左翼思想家のこの主張は反駁済みであるように思われる——資本主義と福祉が現実に共存、共栄できることは、過去の記録が示している——が、反例として持ち出すことができる経済マネジメントの失敗例はたしかにある。

一九七〇年代、ケインズ的な需要管理のツール（当時、大半の西欧政府が採用していたもの）は、失業率やインフレ率を許容範囲内に抑えることができず、スタグフレーションを引き起こし、長期にわたる低成長期を招いた。それに、グローバル化の結果、国家による経済マネジメントの大部分が何の効果もない無益なものになっているという話を今日よく耳にする。しかし、この主張にも誇張がある。国境をかいくぐる穴が増え、国民国家の統治能力が落ちてしまったことは真実である。しかし、ゼロになるまで衰えてしまったなどということはないし、マクロ経済的な安定や成長を維持するうえで大いに実効力を発揮してきた政府もある（それをもっとも上手くやってきたのはまたしても北欧諸国である）。その一方で、国家政府が持続可能な金融政策を導入できなかったり、安定的な税基盤の確保に失敗した結果、福祉国家が崩壊寸前に陥った事例があることはまちがいない（二〇一五年のギリシャがいい例である）。

福祉制度は、うまく機能しているときでさえ、成功が仇となることがままある。新たなニーズが掘り起こされ、福祉にたいする期待値が上がり、コストがかさむことになる。ヘルスケアを例にとってみよう。洗練された医療技術や治療方法が利用可能になり、患者が支給水準の改善を期待するようになると、コストはかさむ。教育コストにも、パーソナル・ソーシャル・サービスのコストにも、同じ傾向がある。そのような結果を招く少なからぬ理由は、これらのような人手が要る状況では、生産性を向上させることが難しいからである。コスト削減も、期待値の高まりも、正真正銘の問題である。

これらすべての観点において、福祉国家は深刻な困難に遭遇するし、それらはときとして克服不可能なものである。しかし、歴史研究や比較研究の提出するエビデンスは、事に当たるのに必要な政治的意志と運営手腕があれば、これらの問題の大半が事実上マネジメント可能であることをほのめかしている。事実、これらの難題に対処してきた経験から、それらの有害な効果を抑え、和らげることを目的とする運営レベルでの修繕策のレパートリーが生まれた。貧困の悪循環《トラップ》は、給付金の段階的なカットによって軽減できる。所得支援は、求職中ないしは介護中である証明の提示を条件付けることができる。保険の拠出金と給付金は、バランスよく釣り合わせることができる。失業給付は、労働市場の活性化計画とリンクさせることができる。裕福な個人や企業の納税額を引き上げることとできる、などなど。

福祉国家の反対派はこれらの問題に絶望し、それらを致命的な欠陥あつかいする。しかし、実際の運営の世界では、たいていの問題は、あれこれのプラグマティックな解決策と適合する。そのうえ、これらの「福祉問題」の多くは、水面下にある市場の失敗に直接的な原因を求めることができる。停滞する労働市場、保険対象外のリスク、不完全な情報、不完全な競争などである。これらを福祉国家の致命的な欠陥とみなすことは、運営経験にもとづかない政治的悪意を表明することである。

福祉国家はしばしば問題に取り憑かれているように見える。そして、実を言えば、そのように福祉国家を特徴付けることこそ、福祉国家の批判者や反対派が好むやり方である。しかし、わたしたちは、福祉国家の構造的機能、そこから必然的に生じてくるシステム＝コンフリクトという文脈のなかで、これらの問題を検討してみなければならない。福祉国家は市場経済とのコンフリクト含みの連携のなかで稼働していること、まさにこの矛盾が問題の多くを生み出していることを、わたしたちは思い出す必要がある。次のように述べてみてもよいかもしれない。もっとも問題含みな福祉国家とは、何でもかんでもカバーしようとする最大規模の福祉国家ではなく、むしろ、脆弱な福祉国家メカニズムが強大な市場経済とおざなりにしか統合されていない自由主義的レジームの福祉国家である。

第七章　新自由主義と福祉国家2・0

一九四五年以降、三〇年にわたる拡大路線を邁進した福祉国家は、その後、数十年におよぶ苦難の時代を耐え忍んできた。一九七〇年代後半、一国また一国と、福祉国家に反対する集団が、自由市場と保守的な家族的価値観の名のもとに持続的な攻撃を仕掛けていった。さらに近年になると、政治指導者や政策立案者たちは、福祉国家プログラムが今日稼働しているポスト工業世界の難題に見合うように、プログラムを適応させようと悪戦苦闘してきた。新自由主義からの攻撃とポスト工業世界への適応というふたつの展開は、やり方こそ異なるものの、両者ともに、二〇世紀後期の資本主義が駆り立てた社会＝経済的な変容――まずは経済危機として、後には、生産や社会組織の支配的様態におけるシフトとして体感された変化――にたいする応答であった。本章が記述するのは、これらの第一フェーズ、すなわち、一九七〇年代の経済危機と、それによって解き放たれた新自由主義からの猛攻撃である。八章は、現在展開中の社会＝経済的な変容と適応的な改革を論じる。

「ニューライト」連立

一九七〇年代の経済的混乱の真只中で、自由市場勢力と社会保守の政治勢力の連立は、戦後の福祉国家やそれによって確立されたパワー・バランスを押し戻す機会をつかんだ。この「ニューライト」運動のなかでもっとも口やかましい勢力は、福祉国家の廃止を要求し、自由市場、自助、私的チャリティへの回帰を求めた。このラディカルなアプローチがしばしば論調を決めることになったものの、「ニューライト」運動の政治的指導層はプラグマティズム寄りであり、指導層が槍玉にあげたのは、広範な支持を受けていた中間層向けプログラム（たとえば社会保障（Social Security）やＮＨＳ）ではなく、福祉システムのなかで不人気な側面（たとえば貧困層対象の社会扶助）だった。

ニューライトの改革者たちは、一九八〇、九〇年代の政治を支配したにもかかわらず、福祉国家を廃止するには至らなかった。福祉国家による統治がもっとも熾烈な争いの対象であり続けているアメリカ合衆国においてさえ、そこまではいかなかった。だとすれば、長期にわたるニューライトの攻撃が失敗に終わったことは、福祉国家なしでやっていくことはできないことの証左――すくなくとも、民主主義的プロセスが依然として稼働しているところでは――と捉えてよいのかもしれない。しかし、たとえ当初の目的をかなえるところまではいかなかったにせよ、ニューライトの改革者たちは福祉国家の性格を変えることに成功し、より限定的で、より緊縮的なバージョンを作り出した。これを「福祉国家2・0」と呼ぶことにしよう。その基礎に置かれたのは、「規制緩和」を旨とする新自由主義的な経済統治様式であり、社会政策の市場志向的な再編である。

新自由主義が突きつけたものの影響は、世界各国の福祉国家で実感されてきた。ドイツは労働市場政策を改革し、失業給付を減らし、連邦支出をカットした。スウェーデンは税率を下げ、社会保障を部分的に民営化し、過去に前例のない失業率を黙認した。しかし、新自由主義的改革の中心地は、自由主義的な英語圏国家だった。カナダ、オーストラリア、ニュージーランド、そしてなにより、アメリカとイギリスである。以下では、アメリカとイギリスを集中的に見ていくことにする。

景気下降

一九七〇年代中盤に端を発し、長期にわたって続くことになった急激な景気下降は、世界中の福祉国家に影響を与えた。拡大する市場、安価なエネルギー、安定貨幣によって戦後の成長と福祉国家の拡大が可能になったのだが、一九六〇年代後半以降、下落する利益率、低下する生産性、貿易赤字問題、予算不足、再発する財政危機は、世界経済が停滞し、福祉国家がどうやら成長限度に近づきつつあることのシグナルとなった。

この危機をどん底に突き落としたのは、一九七三年の石油輸出国機構(ＯＰＥＣ)のオイルショックだが、同じくらい重要なのは、これに先立つブレトン・ウッズ体制の瓦解である。ブレトン・ウッズ体制という国際的金融管理の枠組みが、国家政府による自国経済のマネジメントを可能にし、福祉国家の繁栄をもたらしたのだった。このシステムの固定相場制の秩序がなくなると、政府は支出を増大させ、インフレーションをあおることになり、通貨市場の安定を揺るがす原因となった。その結果、投資は落ち込み、失業率は上がり、そのような状況下での政府による需要刺激策は、インフレーションの悪循環《スパイラル》を引き起こした。アメリカのインフレ率は一九七〇年代半ばに一〇パーセントを超え、七〇年代の終わりまでに一三・五パーセントとピークに達した。イギリスのインフレ率はアメリカをさえ上回り、一九七五年には二四パーセントに達した。このようなトラブルを背景にしてＯＰＥＣが下した安価なエネルギーを終わらせるという決定は、西欧経済を大混乱に投げ込んだ。数カ月のうちに石油価格は倍になり、株式市場は暴落し、インフレーションが大波のように押し寄せ、失業率は急上昇を始めた。

労使関係は新たな不安定性の時代に入った。ストライキ、作業中止、デモという闘争の時代であり、西欧政府の統治能力にたいする世間の信頼がゆらいだ時代である。成長を続ける数十年のあいだ(生産性の向上が賃金の上昇を、上昇する所得が税率の上昇を可能にした時代)、分配をめぐるコンフリクトはうまくマネジメントされていたが、衝突はいまや鋭さをまし、亀裂は深まっていった。上昇する失業率が、税収や保険拠出金を目減りさせる一方、給付額を増加させるなか、福祉国家の財源はプレッシャーにさらされるようになった。増税による予算補塡の試みは、猛烈な抵抗にみまわれた。

政治的対応

西欧政府の最初の反応は、標準的なケインズ的公式の適用だった。総需要を支え、雇用創出を促すために、歳出を増やし、金利を下げることである。しかし、おなじみの処方箋はもはや効かなかった。増加した支出は、失業率を下げるどころか、インフレーションを進め、その結果、不況とインフレーションの禍々しい共存につながった。この異常事態は、戦後の経済マネジメントの概念的基盤に疑問を投げかけ、この先どのように進んでいくのか、政府はあやふやな状態に陥った。

国際市場からのプレッシャーのなか、手詰まりの政府が下したのは、拡大路線の政策をあきらめ、その代わりに、公的歳出の削減と「安定通貨《サウンド・マネー》」の確立に専念するほかないという決断だった。物事の優先順位の歴史的な逆転のなか、インフレーションのコントロールが、最重要の経済目標として完全雇用に取って代わり、失業者数に壊滅的な影響を及ぼした。皮肉なことに、この政治的な一八〇度転換に先鞭をつけたのは、カーター大統領による民主党政府であり、

Box 12　ケインズ主義の危機

「わたしたちは次のように考えがちでした。とにかく支出を増やせば不況から抜け出せる、減税と支出拡大によって雇用を創出できる、と。包み隠さずお話いたしましょう。この選択肢はもはや存在しないのだ、と。」

ジェイムズ・キャラハン首相、労働党集会での演説、1976年

キャラハン首相による労働党政府だった（Box 12）。しかし、これらの試みは支持率の下落をもたらすばかりであり、重大な改革は、労働組合とも、福祉国家の「税金から支出へ《タックス・アンド・スペンド》」政策とも関わりの薄い右派政党が手がけるのがいちばんうまくいくという意見を強めるばかりだった。

保守派の政治家たちは自らにとっての好機を逃さなかった。先導役となったのはマーガレット・サッチャーとロナルド・レーガンであり、ふたりとも戦後体制に舌鋒鋭い猛攻を浴びせた。新自由主義的な経済処方箋と、新保守主義的な妙薬を組み合わせたふたりのレトリックは、いまいちど自国の「偉大さ」を主張し、一九六〇年代の文化的変化を巻き戻すことを狙いとしていた。経済と道徳の両面における国家の衰退の責任は、労働組合、中道左派政治、福祉国家にあるとふたりは力説した。その解決法とは、労働組織の力を削ぎ、社会歳出を減らし、金利を上げ、減税し、自由市場を積極的に受け入れることだった。ふたりはそれに加えて、国家を変容させることを目指し、軍事力を伸ばしつつ、社会や経済の案件に

図10　ストライキ中の炭鉱労働者と警察、1984-85年、スコットランドのブリステン・グレン・コリエリーにおける炭鉱ストライキ。

たいする国の関与を減らそうとした。古典的な自由主義国家がミニマリストだったとしたら、ニューライトの国家は、ある点ではミニマルで、別の点ではパワフルだった。「大きな政府」は飢え死にさせるべき獣であり――減税による飢え死にが好ましいとされた――、公共セクターは最小限まで縮小されるべきものだった（反税金十字軍戦士のグロヴァー・ノルキストが述べたように、「我々が目指すのは、バスタブで溺死させることができるサイズにまで政府を縮めることである」）。しかし、その一方で、パワフルな国家が求められていた。海外で国力を維持し、経済改革を断行し、公的支出プログラムや税金をカットし、公的資産を民営化し、規制管理を廃止するため、そして、これらの改革が招く抵抗に対処するためである（図10）。

これらすべてにおいて、政治家たちはふた

つのものを拠り所としていた。ひとつは、自由至上主義《リバタリアニズム》を奉じる知識人や自由市場を掲げる経済学者（たとえばフリードリヒ・ハイエクやミルトン・フリードマン）の考え、もうひとつは、それと同時期に出現し、ビジネス・コミュニティから潤沢な資金援助を受けていた右派「シンクタンク」からの実際的な支持である。新自由主義は時を置かずして他の西欧政府の政策をかたちづくるようになり、中道左派政党に採り入れられ、ＩＭＦ、世界銀行、ＯＥＣＤ、ＥＵなどの国際機関を支配していった。一九九〇年代までに戦後の福祉国家体制に取って代わった新たな「ワシントン・コンセンサス」は、グローバリゼーション、自由貿易、資本の自由なフロー、規制緩和された労働市場を迫った。

新自由主義的統治

一九八〇年代以降、英米政府は、完全雇用とケインズ的な需要管理にたいするコミットメントを捨て、まずは「マネタリズム」を採り、インフレーション・コントロールと「安定通貨」を優先事項とし、その後は「供給《サプライ》サイド」政策を選び、社会支出の削減と減税を行うことで、企業活動の再活性化と、インセンティヴの復興を目指した。その結果は、予想どおり、失業率の急上昇だった。サッチャーが当選した一九七九年、イギリスの失業者数は約一五〇万（五・四パーセント）だった。最初の任期が終わるまでに、その数は二倍以上になり、三〇〇万超（一一・九パーセント）になった。一九八〇年代初頭、アメリカの失業率は一〇パーセント近くにまで上昇した。過去数十年の倍の数字だった。

大量失業を追い風にした中道右派政府は、雇用、解雇、賃金にたいする制約を緩めることで、組合の力を切り崩し、賃金カットや柔軟な雇用契約を断行し、労働市場の規制緩和を進めた。アメリカでもイギリスでも、石炭、鉄鋼、造船、自動車製造といった産業――これらのどの産業でも労働組合加入率はひじょうに高かった――がなすがままに崩壊していったが、まさにそれと同じ時期、他国政府（たとえばドイツやスウェーデン）は、それらの産業セクターが自国経済の健全さにとって死活問題であるという信念のもと、それらの現代化のために資金を投じていたのだった。製造業の雇用者数は急落し、それに呼応して組合加入者数も急落した。

新たな市場寄りの政策は労働者を分断した。保障付きの高給職にある労働者を、失業者や不安定な雇用状態にある労働者から切り離したのである。イギリスの保守党とアメリカの共和党は、労働党や民主党に幻滅した投票層を粘り強く口説いた。ターゲットとなったのは、持ち家があり、福祉給付より減税を好む裕福な労働者層である。選挙民を取り巻く状況がこのように様変わりするなか、富裕層を優遇する市場に寄り添った政策は、許容範囲内のものとなったばかりか、起業を促し、国際競争力を伸ばすうえでかかせないものとみなされた。減税と富裕層対象の給付は、最終的には「トリクル・ダウン」し、すべてのひとを潤すだろうという主張がなされた。

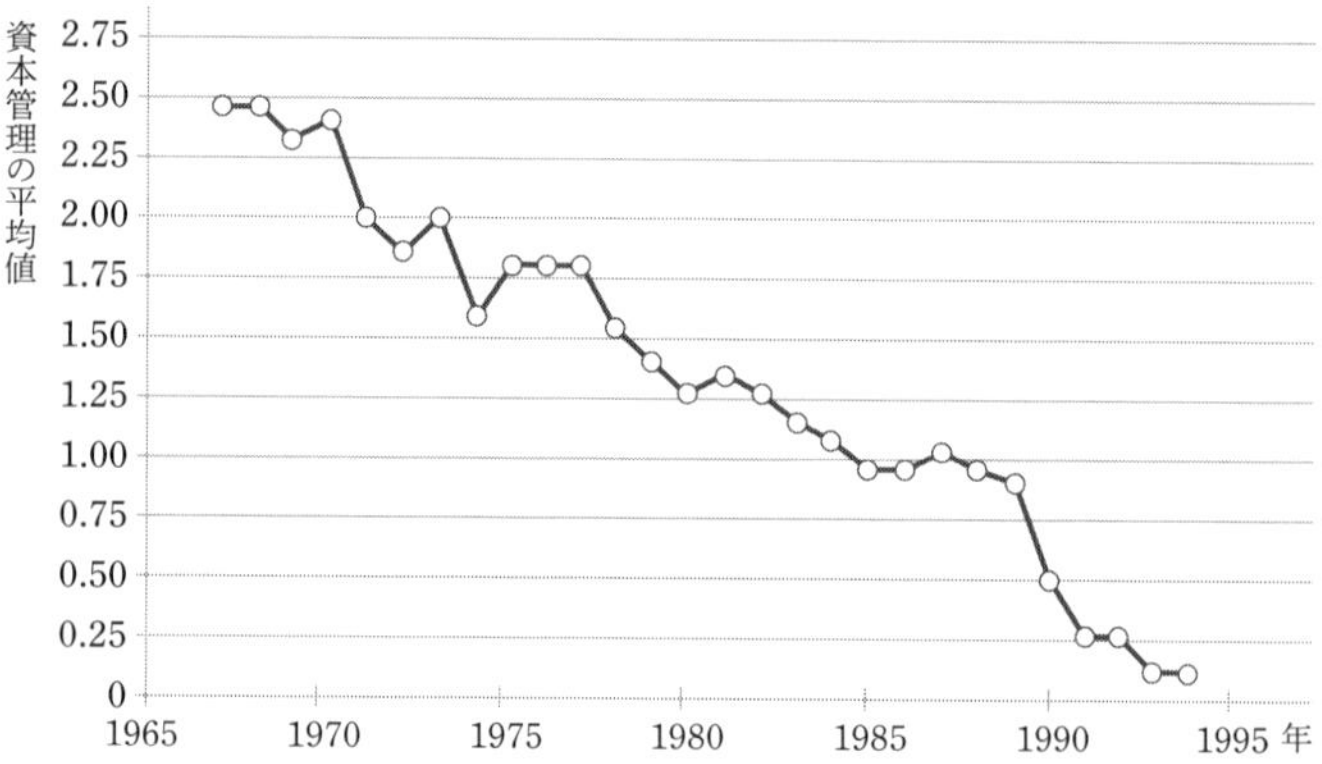

図 11　資本管理の平均値。OECD 加盟国のうちの 15 カ国。

一九八〇、九〇年代の新自由主義的改革は、戦後数十年の社会や経済の常識をひっくり返した。貧困層対象の給付がカットされ、減税によって巨額の赤字が生まれたにもかかわらず、世界中で減税が叫ばれた。歳入を増やし、官から民に管理を移すために、国営企業、公益事業、公的資産が売り払われた。短期的に見れば、民営化は、上昇する失業率と減少する税収への対応で追い詰められていた財務担当省庁にとって、降って湧いた幸運だった。長期的に見れば、民営化で公共セクターの規模は縮小され、それにともなって、公共セクターの労働組合の力も縮小した。たとえば、公営住宅の売却（そのおかげでイギリスの公営住宅事業の負債は大幅に減った）や、一九八四年のブリティッシュ・テレコム株の大量売却のような払下げを好意的に受け止めた選挙区では、払下げが自宅所有率や株式保有率を上昇させ、保守政党への支持を拡大させた。

銀行、金融業にたいする規制緩和が、もうひとつの主要な政策変更だった。一九八〇年代以降、銀行は貸付にたいする独占権を失い、大手小売業が顧客に金融サービスを提供するようになり、利潤のフローが、製造ではなく、まずなにより信用貸しや融資から起こる金融経済が生み出された。その結果、消費者信用が大規模に広がり、実質的な資産や安定した収入がないときでさえ、世帯はずっと簡単に借金ができるようになった。手軽な信用貸しは、賃金の上昇や福祉給付の向上の代替物として稼働し、総需要を膨れ上がらせ、一九九〇年代のバブルを導き入れた。社会学者コリン・クラウチが述べたように、これは「民営化されたケインズ主義」であった。

規制緩和は通貨市場や資本市場にまで拡大し、いまやブレトン・ウッズ体制時代の制限から「解き放たれた」(図11)。為替管理は廃止され、通商、金融、通貨、資本のフローにたいする縛りが外されたのである。

その結果は、いつもながら、一筋縄ではいかないものだった。金融中心地のロンドンやニューヨークに巨利が流れたが、それと引き換えに、国内産業はますます国際競争にさらされるようになった。

福祉国家にたいする攻撃

自由至上主義者《リバタリアン》たちは、市場の働きや個人の自由をないがしろにする福祉国家をずっと忌々しく思っていた。ヒレア・ベロックの『奴隷国家』やハイエクの『隷属への道』といった保守派の古典は、福祉国家を全体主義国家に通じる道として描き出したが、そのような見解の残響は、ミルトン・フリードマンやシカゴ学派の経済学者のテクストに現れた。二〇世紀の大半をとおして、これらの所信は主流派のなかでほとんど支持者を持たなかったが、危機にとらわれた一九七〇年代という文脈のなか、影響力を得て、社会や文化の変化についての不安のみならず、蔓延する経済にたいする不満に食い込んでいった。

右派の多くにとって、福祉国家は根本的なところで考え違いをしていた。右派に言わせれば、福祉国家は企業経営や産業活動の邪魔をし、市場経済をないがしろにし、援助を差し伸べたつもりの人びとの意気を挫くものだった。この批判がとりわけ威力を発揮したのは、福祉制度が残余的で、労働集約的なサービス・セクターの企業がクオリティではなくコストの面で競争していた自由主義的レジームである。適応や運営の不手際の問題とみなされたかもしれない政策上の難題が、克服不可能な困難あつかいされた。ありとあらゆる問題にたいして否定的な政治的解釈が投げかけられ、新たな困難がもちあがるたびに、福祉国家を廃棄するまた別の理由として使われた。そして、当然ながら、標準的な批判――福祉は裏目に出る、福祉は大事にされてきた価値観を危うくする、福祉は無益である――がひねくりまわされ、こねくりまわされ、福祉国家による統治の一挙手一投足に当てはめられた。

成長に歯止めをかけ、経済不況を助長していると福祉国家は非難された。善良な市場勢力を制約なしに働かせることを許可する、つまり、競争と効率性を最大化するのではなく、福祉国家は自己規制する市場秩序に介入し、「特定利害団体」(組合や公務員)が市場の発するシグナルを歪めたり、流動的で柔軟であるべき労働市場に「硬直性」(雇用権)を導入したりすることを許したというのである。自由市場がきわめて痛ましい効果を生むからこそ福祉国家が生まれたこと、前代未聞の長期成長時代を可能にしたのは福祉国家だったこと、福祉国家が経済活動のお荷物だという主張は国家間の比較研究のエビデンスによって反駁されたこと、政府の政策構想にかかわる主要な「特定利害団体」は大企業だったこと――考慮に値するこれらの事柄は、福祉国家による統治の信用失墜をもくろむ声高な猛攻のなかでうやむやにされてしまった。

福祉改革

福祉国家にたいする攻撃は心的態度をめぐる闘いとして始まった。改革の提案には毎度のように口やかましい批判がつきまとい、批判のなかで福祉国家は卑しめられ、悪魔のような存在

Box 13　社会支給という悪

「受給者の態度におよぼす影響についてほとんど何も考えないまま配布された福祉給付は、婚外子を奨励し、家族の解体を助長し、就労と自恃を後押しするインセンティヴを、怠惰とズルにたいする倒錯的な奨励に置き換えた。」

マーガレット・サッチャー、1993年

としてあつかわれた。福祉国家は社会主義という怪物であり、国の魂の生き血をすすり、経済を破滅させる。公共セクターは金食い虫で、官僚的で、非効率的だ。福祉受給者はズルやタカリをする連中だ。施しは大衆の阿片であり、依存、怠惰、薬物、犯罪につながる（Box 13）。

最初に実施された改革――政府が導入し始めた終わりなき「効率性の見直し《レビュー》」に続く一手――は、単なる予算カットだった。給付削減、ソーシャル・サービスの範囲縮小と品質低下、受給資格条件の引き締めである。コスト・カットをもくろむ大臣たちは歳出項目を一つひとつ検討したが、政治的な抜け目なさから、カット対象の大部分は、年金やヘルスケアではなく、自由裁量の社会扶助プログラムになるようにした。

改革者が目指したのは、「依存文化」の痕跡、つまり、就労、結婚、独り立ちを受給者に思いとどまらせそうなものをことごとく一掃することだった。依存にたいする攻撃――ローレンス・ミードやチャールズ・マレーといった大学人のテクストを典拠とするもので、社会保守派のあいだで強迫観念めいたものになっていった――がまず手をつけたのは、生活態度に新たな要求を課し、受給条件を厳しくすることだった。所得支援は、権利《ライト》でも受給権《エンタイトルメント》でもなくなり、受給者の振る舞いにおける変化を条件とするものとなった。社会扶助を受ける人びと――とりわけシングルペアレンツや長期失業者――は、積極的に職探しをしていたり、職業訓練に取り組んでいたり、資格や免許を取得中であったりすることの証明を求められた。そして、政府予算は、休業者にたいする扶助ではなく、ワーキングプアを対象とした税額控除にますます費やされるようになり、取り残された極貧状態にある人びとは、フードバンクを当てにしたり、親族に頼ったり、あれこれの生き延びる術にすがったりするほかなくなった。

　イギリスでは、失業給付は「求職者手当」となり、「就労につながる福祉《ウェルフェア・トゥ・ワーク》」が新たに強調されたものの、これらの試みは、現実的な職不足や、政府の雇用創出スキームの限界という壁に突き当たった。アメリカ合衆国では、クリントン大統領が署名した「個人的責任と就労機会に関する法（Personal Responsibility and Work Opportunity Act）」（一九九六年）によって、扶養家族に当たる児童やその親を支援する連邦プログラムは廃止され、州の運営するより限定的な「貧困家族一時手当（Temporary Assistance for Needy Families）」に取って代わられた。ＴＡＮＦは、福祉給付を受けたいと思っているシングルマザーが、求職中であることを求め、その結果、本末転倒となった。というのも、もともとは、そのような支援のおかげで、未亡人やシングルマザーは働きに出ずに家庭にとどまり、子どもの面倒をみることができたからである。

就労復帰を奨励し、個人が長期にわたる福祉依存に陥らないよう支援することは、広く支持される考えである。社会民主主義的な福祉レジームはこれと同じ原則を長きにわたって採用してきた。しかし、アメリカとイギリスでは、大量失業、低賃金の労働市場の文脈のなか、無償の公的チャイルドケアのような支援制度の不在を背景に、これらの政策はずっと容赦のないかたちをとった。社会学者のジェイミー・ペックが述べたように「ワークフェア（仕事《ワーク》と福祉《ウェルフェア》の合成語、給付条件として就労を義務付けること）は、無職の人びとのために職を創り出すことではない。誰もやりたがらない職に就く労働者を創り出すことである」。

削減は公共セクター職にも影響を与えた。それがとりわけ顕著だったアメリカ合衆国では、連邦政府の規模の縮小化が、歴代の共和党政権の目標となった。ジョージ・W・ブッシュ大統領は、相対的に言って、連邦政府を一九四〇年以降で最小規模にまで縮めた。この職破壊プログラムの影響を桁外れにこうむったのはマイノリティで、州の能力や実行力はいっそう切り詰められた。

新自由主義的マネジメント

政府は福祉財源を引き締め、給付を削減したが、これらは、いずれ好況が戻ってきたあかつきには方向転換されないでもない政策補正だった（事実、トニー・ブレアとゴードン・ブラウンの新労働党政府は、多くの領域でまさにそのような方向転換を行った）。福祉機関への財源の付け方やマネジメントの仕方、給付やサービスの提供方法を変化させたのは、それよりさらに根本的で永続的な構造改革プログラムであった。

住宅、健康、教育、年金のような財の提供は、国家よりも市場に任せたほうが効果的である、と新自由主義者は長きにわたって力説していた。福祉国家を廃止することも、規制なき市場に回帰することもできないなかで新自由主義者が好んで提示した解決策とは、福祉制度を今まで以上に市場アクターのように振る舞わせるようなかたちで再構造化することだった。この目的のために採り入れられたのが、一連のマネジメント改革（「ニュー・パブリック・マネジメント」）である。これらの改革によって、支出上限《キャッシュ・リミット》、目標設定《ターゲット・セッティング》、成果指標《パフォーマンス・インディケーター》といった民間セクターの技術が官公署に大量に導入された。それに続いて、共同市場や競争的慣行が採り入れられた。公営の住宅、病院、学校、大学が享受してきた「独占」を崩し、これらの制度に費用対効果の向上をうながすためであった。

「基礎年金からの脱退《コントラクト・アウト》」と「購入者＝提供者」契約の確立も、新自由主義的改革として挙げることができる。この構造改革によって終焉を迎えたのは、公的機関が財源を受け取り、サービスを提供し、業績を自己監視するという旧来のシステムだった。それに取って代わったのは、より複雑な市場化された取り決めであり、官公署は、受注をめぐって競争する民間企業にサービス提供の仕事を外注することが義務付けられた。新システムは、コスト削減やサービスの質の向上のために競争入札に頼るものであり、ソーシャルケアの多くが実際に民営化された。バウチャーや「選択的離脱《オプト・アウト》」のもたらした効果も似たところがあった。公的財源は、住宅や教育機関に融資されるのではなく、（バウチャーというかたちで）「消費者」のもとに直接届くようになり、どの学校や住宅を「買い入れる」かという選択の余地が消費者に与えられる。「選択的離脱」スキームは、個人が公共セクターのスキームから抜け、「民間でまかなう」こと（たとえば、公的年金体制から抜け、商業市場で保険に加入すること）を可能にする。イギリスの国民保険（NI）やアメリカの社会保障（Social Security）の民営化はたびたび提案されるが、これが政治的には実現不可能なことは実地で示されてきており、新自由主義的な改革者たちは、民間セクターで購入した個々の保険で公的な年金やヘルスケアを補完するように個人にインセンティヴを与えるというシステムを、落としどころとせざるをえなかった。

新自由主義のインパクト

新自由主義的な政策が、好景気の創出と福祉の増大を意図したものであったことはまちがいない。新自由主義的原理にもとづいて運営された経済がときに好景気をもたらすことは、一九九〇年代や二〇〇〇年代初頭のアメリカやイギリスのバブル時代が示すとおりである。しかし、新自由主義的な政策は不安定をもたらすものでもあれば（二〇〇八年の経済危機が示したように）、

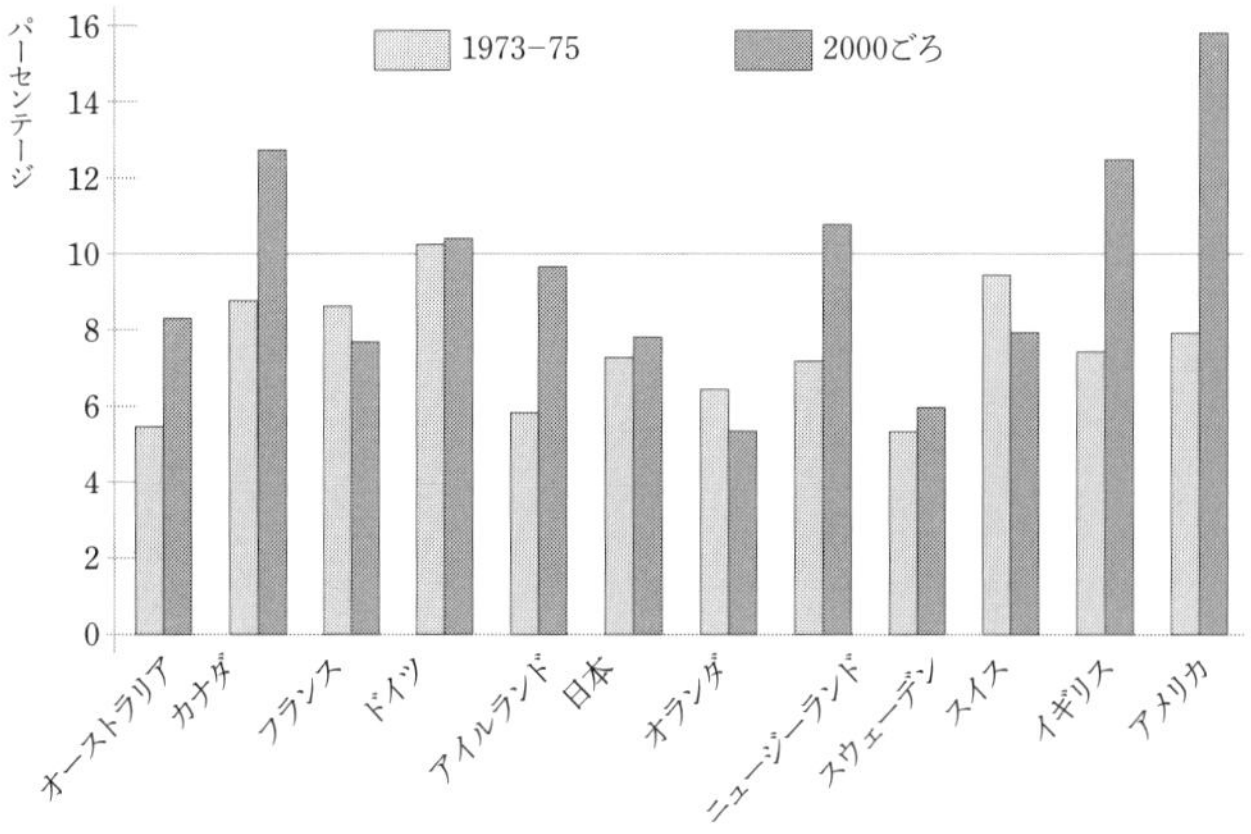

図12　裕福な民主主義国における、所得上位1パーセントが全体に占める割合（資本利得《キャピタル・ゲイン》は除く）。

格差拡大にたいしてひどく無頓着で、強力な市場アクターに大いに肩入れするものでもある。新自由主義的な政策から即座に直接的な利益を得るのは、貧困層ではなく富裕層であり、被用者ではなく雇用主であり、労働者ではなく資本家だった。それに、新自由主義的な政策の影響は党派的で、福祉国家を推す政党への支持を減らし、企業や市場と提携する政党への支持を増やす傾向にあった。

WS1.0は、総体的に言って、産業労働者の利益を推し進め、順風満帆な中間層を創出し、大多数の世帯の生活水準を向上させた。WS1.0の拡大は、所得分配における大規模なシフトを伴うものであり、頂点と底辺の稼ぎ手のあいだのギャップを縮め、より平等な社会、ひどく貧しかったりひどく豊かだったりする人びとの数が減少した社会を創り出した。これらの展開を

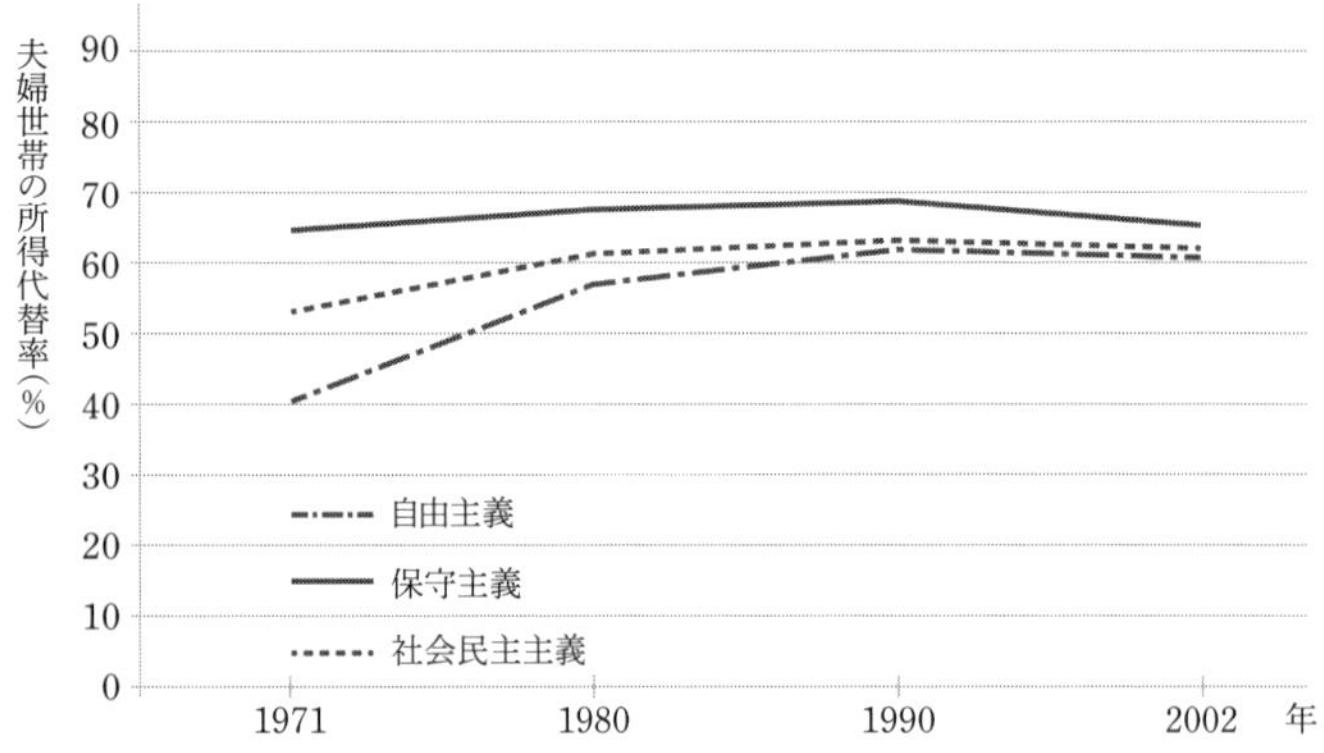

図13　社会民主主義、保守主義、自由主義的レジームにおける標準的な年金給付、1971-2002年。

逆転させたのは、一九八〇、九〇年代の政策である。その大部分は、企業重役《コーポレート・エグゼクティヴ》、金融資本家、大雇用主、財産家に有利に働いた。経済エリート層の力を再興させ、資本蓄積の条件を再建し、金融資本に権力と影響力をシフトさせた。数十年のうちに、これらの政策は、ニューディールと福祉国家が成し遂げた平等化、民主化成果を帳消しにした（図12）。

これらの新たな不平等をいっそう強化したのは、経済権と社会権の弱体化だった。アメリカやイギリスなどの政府が選んだ、労働市場の柔軟化をさらに推し進めるという方向性は、労働者からすると、総じて、労働市場のさらなる不安定化を意味した。雇用保護は骨抜きにされた。組合運動は瓦解した。労働時間の延長や生産性の向上にもかかわらず、賃金は横ばいが続いた。新たな労使関連法は雇用主に有利だった。税率は下がり、裁量的

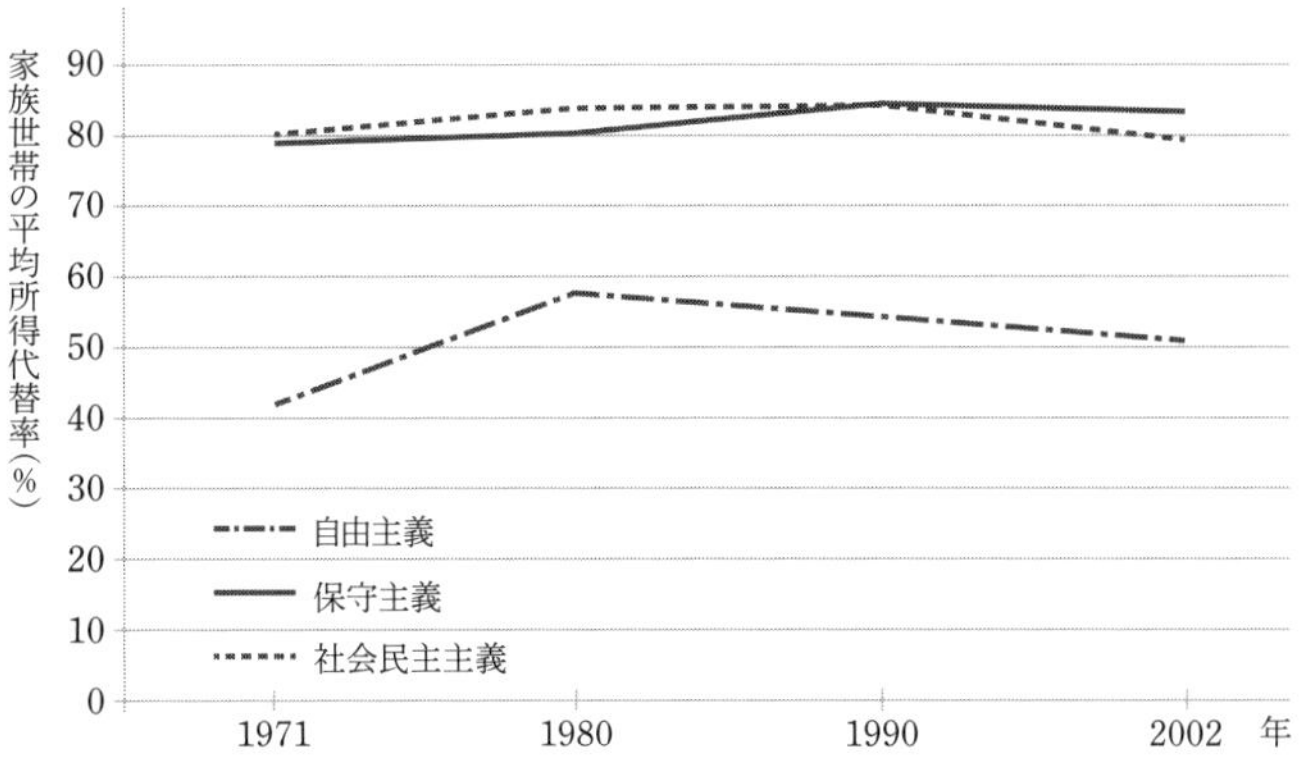

図 14　社会民主主義、保守主義、自由主義的レジームにおける疾病給付、1971-2002 年。

社会支出のための財源がなくなった。その結果が、「勝者総取り《ウィナー・テイクス・オール》」の経済である。そこで見返りを得るのは富裕層であり、圧力をかけられるのは貧困層であり、以前にもまして安定を失うのは中間層である。

しかしながら、これらの根本的な変化にもかかわらず、社会扶助の低下にもかかわらず、選択、消費拡大路線、競争にたいする強調という WS 2.0 の代名詞的な特徴にもかかわらず、オリジナルの福祉国家の中核をなす制度の大半が生き延び、今日でも盤石であり続けているというのは、驚くべき事実である。福祉国家に敵対する企業や大富豪は、経済でも政治でも優位を取り戻したものの、中間層対象の制度にはさして手を付けていない。事実、各国のデータが示すように、福祉国家の主要プログラムである年金（図13）、疾病給付（図14）、失業給付（図15）は、手広さの面でも手

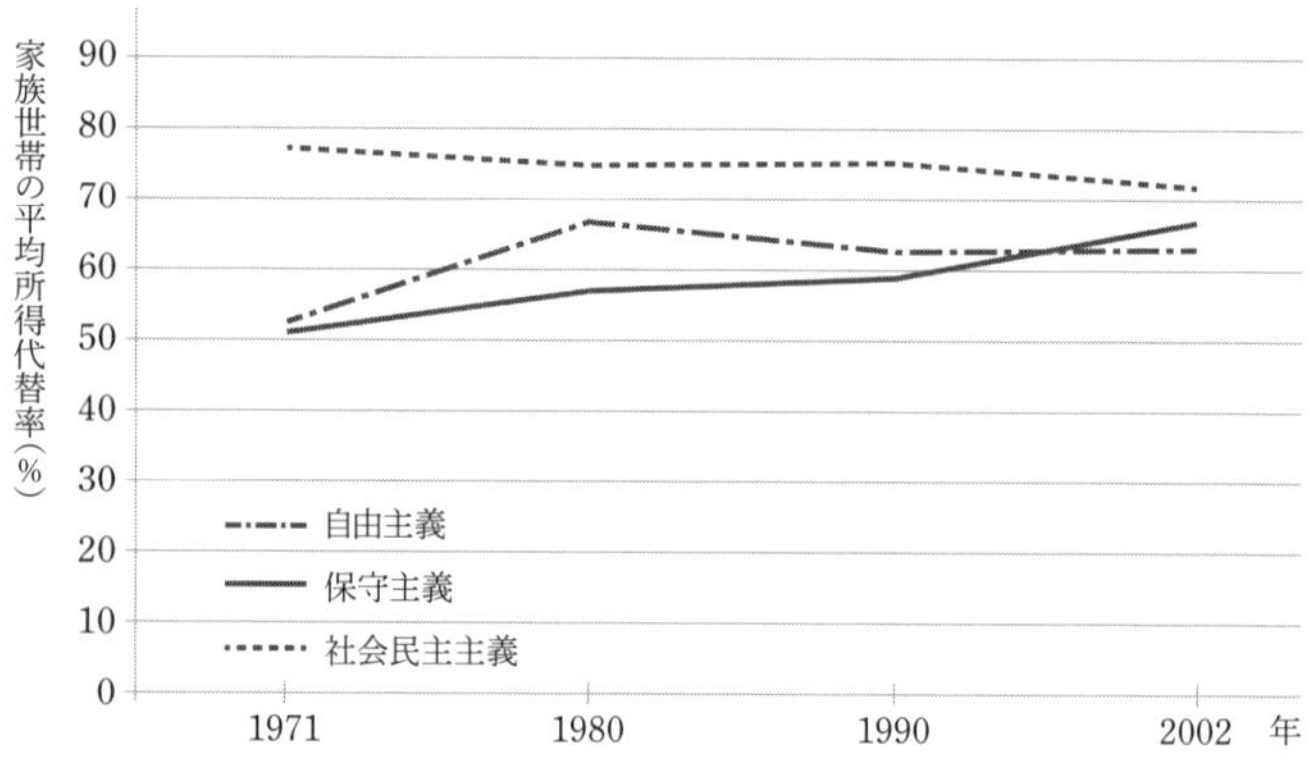

図15　社会民主主義、保守主義、自由主義的レジームにおける失業給付、1971-2002年。

厚さの面でも、新自由主義が権力の座に上り始めたときより今日のほうが優れている。新自由主義による福祉国家への攻撃の影響を主に受けたのは、困窮層を対象とした福祉であって、就労層対象の福祉ではなかった。

新自由主義の攻撃は世界のいたるところで福祉国家の修正に成功した。WS1.0のプログラムを市場志向の強いWS2.0形態へと再構造化し、特筆に値する戦後数十年の拡大路線に終止符を打ったのである。しかし、新自由主義は、三〇年にわたる政治的優位を経ても、福祉国家による統治の根幹をなす制度を追放したり解体したりはしていないし、選挙民のあいだでの福祉国家にたいする人気を切り崩せてはいない。そのかわり、GDPに占める税収や社会歳出は横ばいになった（レジームによってその比率は異なる）。そして、かつてのような急成長ではなく、定常状態にある財源が、改革の主たる前提となった。もちろん、だからといって、そのような福祉国家の根幹制度の解体が将来どこかの国で起こらないとはかぎらない。しかし、次のことは言える。福祉国家はきわめて強力な反対に直面しながら、驚くほどの耐久力や復元力《レジリエンス》を持ち合わせていることを、その身をもって証明してきたのである、と。

第八章　ポスト工業社会への移行——福祉国家3・0へ

福祉国家がこの先も実効的で必要不可欠なものであり続けていくには、変化する状況に適応しなければならない。社会や経済のプロセスはつねに動いているからこそ、政策の調整やアップデートは、福祉政府にとって絶対必要な現在進行形のものなのである（事実、プログラムと物価指数が連動していないところでは、生活コストや給与パターンにおける変化が、給付、税額控除、手当の実質価値に影響を与えることになり、何もしないことが重大な意味を持つ政策選択になる）。しかし、社会や経済の変化は、ときとして、より深く、より構造的なかたちをとり、より根本的な政策変更が求められることもある。今日、西欧諸国のいたるところで、この種のパラダイム変化が進行中である。

ここ数十年のあいだ、世界の先進諸国は、工業生産からポスト工業生産に移行してきた。それは、社会的、政治的、文化的関係に広範な影響をおよぼす変化をともなう経済的変容だった。福祉国家は、新たな種類の社会リスク、新たな形態の経済的不安定への対応をますます迫られてきたばかりか、それに加えて、福祉国家の設計の念頭にあった旧来の問題に対応するという新たな困難に対応しなければならなくなった。これらの大変動に順応することは、世界中の福祉国家ガバナンスにとって難題である。そして、各国の対応に違いはあるものの、エビデンスが示すところによれば、共通の解決策が現在展開中である。新世代の政策であり、将来を見越して「福祉国家3・0」と呼んでみてもよいかもしれない。

ポスト工業生産への移行にともなう変容がもたらした破壊的な効果が初めて実感されるようになった一九七〇年代、福祉国家反対派は、抜本的な自由市場アジェンダを推進する機会をとらえた。構造的移行に関連した問題を、福祉国家による統治がもはや存続不可能になったことの証左として提示したのである。反対派が導入した改革のなかには、広く受け入れられているもの——たとえば、官公署の説明責任の向上、サービス利用者の選択肢の増加——もあるが、新自由主義者の懸案は、福祉国家による統治を新たな時代に順応させることよりも、福祉国家による統治を縮減することのほうにあった。しかしながら、新自由主義の絶頂期はその中心地であったアメリカ合衆国やイギリスにおいてさえどうやらいまや過去のものになりつつあり、政府の政策立案者は、ポスト工業世界に福祉国家をフィットさせるという難題にますます焦点をあわせつつある。

WS1.0は、ある特定の歴史的情勢のなかで姿を現したものであり、ある特定の社会的、経済的状況にフィットする設計になっていた。そのような状況が続いていたあいだ、福祉国家は、広くゆきわたる経済的繁栄を育み、比較的裕福な中間層を創り出し、最貧困層の生活水準を向上させ、驚くべき成功物語《サクセス・ストーリー》とみなされた。しかし、時代は変わったのであり、いまや、適応と再生の必要性が、世界中の福祉国家にとっての主要な政策的難題にして政治問題である。

変化する世界経済

戦後数十年のあいだ、持続的な経済成長と福祉国家の拡大を可能にしたのは、拡大する世界経済、西欧製造業の支配、安価なエネルギー、安定した国際通貨体制、フォーディズム的な大量生産と大量消費レジームだった。それに加えて、一九四四年にブレトン・ウッズで作り出された通商関係と金融関係のフレームワークがあった。それらの制度群は、貿易を促進し、開発に資金を投入し、固定為替を維持する一方で、各国に自国経済の先行きをコントロールする手段を提供したのである。この「埋め込まれた《エンベッディド》自由主義」システムのもと、各国は、国境をまたぐ資本と通貨の運動を制限することができたし、その結果、自国経済を国際競争の荒波から保護することになったのだった。そして、国外に出ていくという選択肢を投資家、生産者、消費者がほとんど持ち合わせていなかったからこそ、政府は、労働市場を規制し、社会支出に財源を付けることができたのだった。

ブレトン・ウッズ体制は一九七一年まで生き残った。それが終焉を迎えたのは、ベトナム（戦費捻出のための増税なしに戦われた、国民に嫌われた戦争）のコスト、巨大な貿易赤字、度重なるドルの暴落というプレッシャーに迫られたアメリカ政府が一方的にドルを切り下げ、金兌換制を終わらせたときのことである。この展開によって国際システムは不安定化し、各国経済を引き締めてきたコントロールが緩んだ。それと同時に、世界経済開発の拡大主義的なフェーズが終わり、縮小の時代が始まった。それを特徴付けたのは、厳しい不況、低迷する経済成長、高い失業率であり、それらはすべて福祉国家の財源にとって逆風となった。一九七三年にＯＰＥＣ諸国が石油価格を二倍に値上げし、安価なエネルギーの時代を実質的に終わらせたとき、西欧諸国の経済は深刻な不況に陥った。

グローバル化

グローバル化、すなわち、経済関係と社会関係の世界レベルでの統合を駆り立てるのは、技術的進歩（超高速輸送、コンテナ化、電子通信、スーパーコンピューターなど）である。しかし、グローバル化を推進するものとして、それ以外にも、多国籍企業の国際的な展開、地域通商協定と経済的統合、国民国家の政治的選択がある。一九七〇年代後半以降、各国政府が関税撤廃と規制緩和を進め、資本と通貨と労働力の自由な流通を認可し、国内経済の門戸を国際市場に開くと、これらのトランスナショナルな現象の重要性は増していった。

戦後の福祉国家は、国家政府が国内の経済活動の条件を定めることができる世界のなかで発展した。通商、生産、消費の国際化の拡大は、金融、資本、通貨市場の脱規制化と相まって、そのような発展をますますありえないものにした。政府はいまや、自国の有権者にだけ説明責任を果たしていればよいというわけにはいかず、無駄の多い社会支出、高率の法人税、平均を上回るインフレーションに罰則を課そうと待ち構えている国際市場からの是認を求めなければならない。その一方で、EU加入国は、統一通貨による押しつけの制約のなか、社会的保護と労働市場政策をコーディネートさせなければならないというプレッシャーにますますさらされている。その結果、個々の国家の経済的自律性は減少し、社会政策を定めるさいの余地も同じく狭まった。

脱工業化

戦後の西欧経済を牽引したのは、フォーディズム化された流れ作業の製造業であり、国内市場向けの耐久財を大量生産するために、半熟練の男性労働者を大量に雇用した。これらの製造業界は、大規模生産によるコスト削減と技術革新をとおして生産性を向上させ、着実に上昇する賃金とともに消費者需要を底上げし、市場の拡大に合わせて利潤を積み上げ、経済成長を後押しした。その結果が、完全雇用に支えられた時代であり、保障と労働組合がある職、改善された労働条件、ゆきとどいた福祉サービスが、低熟練の男性労働者に提供された時代であった。

これも一九七〇年代中頃までには変わり始めていた。製造業の職は、発展途上国における低賃金制に移行した。値下がりした輸送費、解禁された海外投資に便乗したのである。国内にとどまった産業では、先進的な生産技術が労働者数の削減をもたらし、スキルの高い被用者が高給取りとなった。一九六〇年、アメリカでは三五パーセントの労働者が工業関連の職に就いていた。今日、その数字は二〇パーセントを下回っている。それと同時期、イギリスの製造部門の職は半減した。

脱工業化、そして、サービス経済へのシフトは、ＯＥＣＤ加盟国で例外なく起こってきたことではあるが、そうなった時期、どの程度まで広がり、何をもたらしたかとなると、さまざまな違いがある。ドイツやスウェーデンといった国は、現代化された工業部門を維持するために手を打ってきたし、そこで焦点化されたのは、スキルの高い被用者による高品質の生産であった。しかし、西欧諸国にまたがる大きなパターンは、製造業の衰退と、技能による差異化が激しいサービス・セクターの台頭であり、それは雇用の性質に大きな帰結をともなうものであった。

労働市場

WS1.0は労働市場についてのある種の仮定を前提としていた。WS1.0の立案者たちが想定していたのは、工業と農業における完全雇用（男性労働者が扶養家族を養うのに十分な賃金を稼ぐ）、終身雇用の見通し、右肩上がりの賃金だった。それから七〇年が過ぎ、これらの前提のほとんどが崩れている。一九七〇年代以降、西欧諸国は失業率の大幅な上昇にみまわれ、労働者の実質賃金は停滞し、ますます不安定化する労働市場は、大量の長期失業者、不完全就業者、「ワーキングプア」を生み出した。就業者はいまや、以前より長い時間、以前にもまして集中して働いているし、一九五〇年代の「一家の大黒柱《ブレッドウィナー》と専業主婦《ハウスワイフ》」モデルは、「共働き」世帯に取って代わられた。仕事の配分は不均衡になり、高所得世帯とワーキングプア世帯は分断され、労働市場が吸収できない「過剰人員」――最初の職を探す若者世代、余剰人員として首を切られた中高年の労働者、まったく働いたことのない層――が大量にいる。一九七〇年以前であれば、低熟練労働者でも、技術革新によって生産性も賃金も向上した産業で、保障と労働組合がある職を見つけることができた。今日、低熟練労働者はしばしば職にあぶれているか、そうでなければ、生産性が上がる余地も雇用保護もほとんどないサービス産業で働いている。

脱工業化は失業率を上昇させ、ジェンダー・パターンに変更をもたらし、需要のある技能を変えた。イギリスの平均失業者数は、一九五〇年代の三三万人から、一九六〇年代には五〇万人に増え、一九七〇年代には百万人近くに達し、一九八〇年代をとおして二五〇万人以上にまで上った。製造業のブルーカラー職が基調だった経済は、サービス業のホワイトカラー職を特徴とする経済にシフトし、その一方で、職場の男女比は、男性三分の二から、女性五割に変わっ

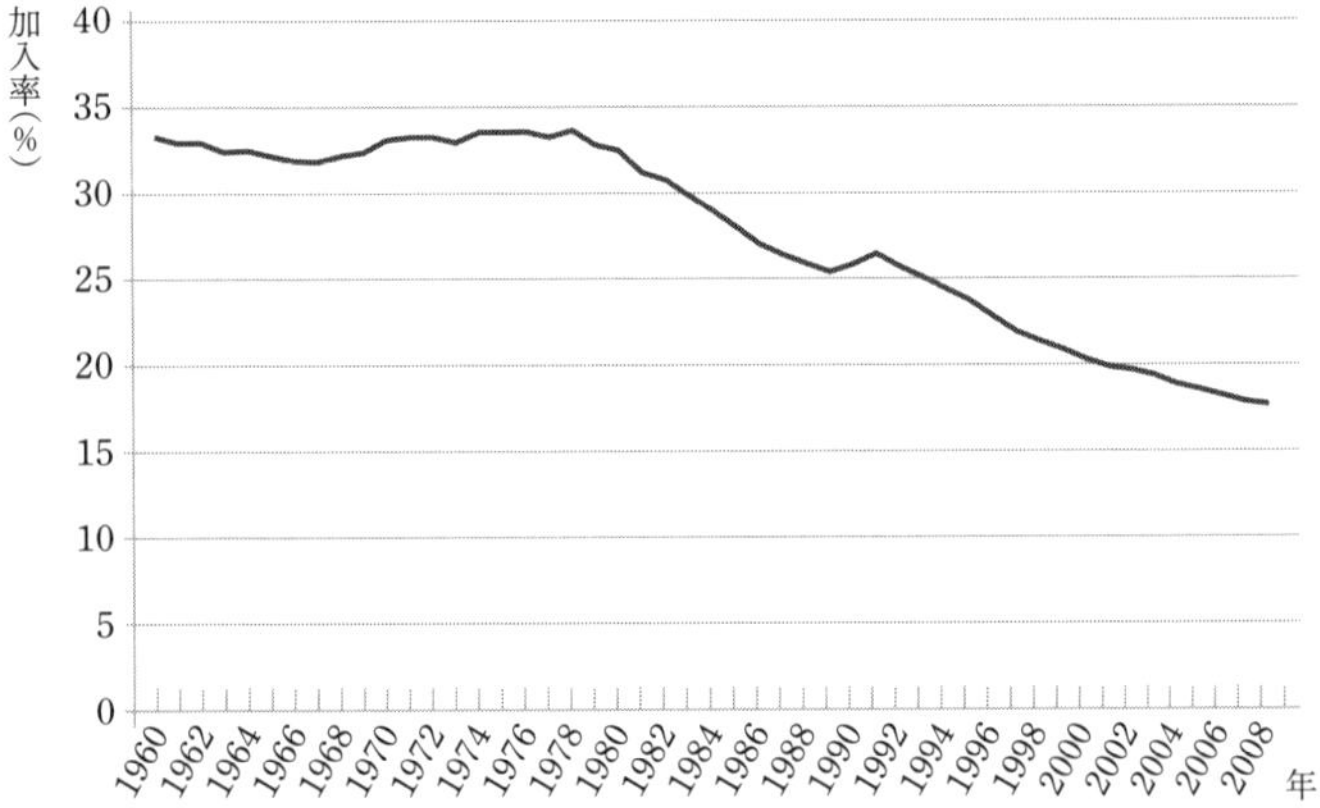

図 16　OECD 加盟国における労働組合加入率、1960-2000 年。

た。

工業生産の衰退は、未熟練や半熟練の男性労働者を対象とする、労働組合のある職がますます稀少になってきたことを意味した（図16）。サービス産業は勤勉とはいいがたい労働者を多少は引き受けてきてはいるものの、小売、清掃、ケータリング、警備、ソーシャルケアといったサービス業が生み出す低熟練職は低給になりがちで、往々にしてパートか短期バイトであり、組合はめったになく、男性というよりも女性が雇用対象である。その結果、男性の肉体労働者が職にあぶれる一方、既婚の労働者階級の女性で働きに出る人の数は増加の一途をたどっている。金融、ＩＴ、ビジネス、ヘルスケアといったハイテク・サービスで重宝されるのは、大卒以上の学歴、専門技術、科学的素養であり、これらの業界で働く人びとの給料は高く、付加給付も受けている（とはいえ、民間の年金プランは以前に比べて一般的ではなくなり、支給額も下がり、確定給付型から確定拠出型にシフトしてきており、その結果、裕福な被用者でさえ盤石とはいえない状況に置かれている)。市場の下層に近いところでは、雇用の不安定化と低賃金化が進んでおり、大量の労働者が非正規雇用で、「オンコール・スケジュール」や「ゼロ時間」契約にある。

当然ながら、国ごとに違いがあり、経済的潮流や市場勢力にたいする政策の対応も異なっている。アメリカ合衆国やイギリスの政府は、組合の力を殺ぎ、労働市場にたいする規制を緩和し、雇用主が賃金を最低水準の生活すら営めないレベルにまで落とせるようにした。ヨーロッパの大陸型レジームや北欧レジームの多くは、ソーシャル・パートナーと位置付けられた労働組合を継続させ、最低賃金を堅持し、雇用保護を維持してきた。しかし、どの国の経済も例外なく構造的な大変動の影響をこうむり、政府は、高い失業率か大量のワーキングプアかのどちらかを選ぶしかなかった。

ジェンダーと家族

戦後の福祉国家は、一家の大黒柱である男性が稼ぐ「家族賃金」で妻子の生活をまかなうという前提のもと、そのような男性に保障を与える設計になっていた。女性が家事を担い、子育てをし、高齢の親族の介護をする安定した家族は、あって当然という扱いだった。主婦、母、娘が提供する無給の福祉サービスは、国家による福祉を補完する不可欠のものであり、WS1.0を実質的に補填していた。

今日、有給の仕事につく女性が増え、男性ひとりの賃金で一家を養うことができるケースが減り、婚姻関係が離婚や別居に終わることが多くなり、独身生活に落ち着いたりシングルペアレンツとして暮らしたりする人の数が増加するにつれて、先に言及したような無給の福祉の提供は激減している。繰り返しになるが、これらの潮流がもたらす帰結は福祉国家にとって深刻なものであり、離婚率や婚外子率の高い北欧や自由主義的な福祉レジームではとりわけそうである（北欧やアメリカの子どもたちの半数以上が、生物学上の両親のもとで育たない）。

もちろん、リベラルな離婚法制、シングルペアレンツ対象の給付、向上するソーシャル・サービスと相まって、女性の労働市場への進出がもたらした結果のなかで筆頭に挙げられるのは、女性の男性にたいする依存を軽減したことであり、女性が自身の生活やキャリアにたいするコントロールを拡大させたことである。しかしながら、新たな自由には新たなリスクがともなうものであり、これらの展開は、家族の解体に付随する帰結、ワーキングマザーのニーズ、多様化の進む世帯群の問題の対応に苦慮する福祉国家に難題を突きつけた。

人口統計

人口特性と人口動態は福祉国家にとって最重要のものである。一九五〇、六〇年代の西欧諸国には、高齢者は少なく、就労年齢層は多く、健全な「従属人口指数率」となっていた。すなわち、拠出金を払う労働者は多く、福祉国家から給付を受ける者は少ないという好ましいバランスだった、ということである。それに続く数十年で、これらの保険数理的な利点はなくなった。寿命は延び、高齢者人口は増大し、超高齢者数も同じく増大した。一九〇七年、イギリスで「老齢年金（Old Age Pensions）」が導入されたとき、男性の平均寿命は四八歳、女性は四九歳だった。年金の受給資格年齢である七〇歳まで長生きする人はほとんどいなかった。今日、男性の平均寿命は七五歳、女性は八〇歳であり、年金を受け取るリタイア世代人口——つい最近まで、受給開始年齢は男性六五歳、女性六〇歳だった——は激増した。二〇〇九年、アメリカ人口の一三パーセントが六五歳以上だった。イギリスでは一六パーセントで、この世代人口は以後三五年で倍増すると予測された。

寿命が延びることはきわめて望ましい。高齢者が健康を保ち、充分な資源《リソース》を享受しているところでは、とくにそうである。高齢者が仕事からリタイアし、比較的安定した快適な暮らしを送ることを可能にしたことが、福祉国家の最高の業績のひとつに数えられることはたしかである。しかしながら、高齢化する人口はコスト増をもたらし、ヘルス・サービスやソーシャル・サービスばかりか、国民年金にも多大な負担としてのしかかる。ひとり暮らしのリタイア世代が増え、家族ではなく国家に介護を期待するときは、とくにそうである。

西欧諸国は出生率の低下にもみまわれてきた。二〇世紀中ごろと比べると、女性が持つ子どもの数は減っており、その結果、欧州や北欧の多くの国で人口が維持できていない。これらの潮流はヨーロッパ人口の年齢構成を大きく変化させ、右肩下がりの労働人口が右肩上がりのリタイア世代のために支払うかたちになった（アメリカの出生率は人口補充水準を上回っており、移民も多く、その結果、人口増となっている）。年金、受給権、ヘルスケアを襲う人口時限爆弾について識者たちが語るとき念頭に置いているのは、これらの傾向のことである。

移住と文化的変化

社会的連帯と同胞意識が高い水準にある社会では、社会支給にたいする抵抗はそれほど強くない。ノルウェー、スウェーデン、デンマークのような同質的な小国は、アメリカのような多様性の高い大国に比べて、より手厚くより包括的な福祉国家を持つ傾向にある。だからこそ、西欧諸国がここ数十年で大きな移民の波を経験し、人種的にも宗教的にもずっと多様になってきたことは見逃せない。一九九〇年代初頭、一千万人以上のEU居住者が非ヨーロッパ民であり、EU内を移住したヨーロッパ民は五〇〇万人を越していた。スウェーデンでさえ多様化している。いまやスウェーデン人の一二パーセントが外国生まれで、一八歳未満人口の約四分の一が移民ないしは移民の子弟である。その結果、福祉国家の基盤となる連帯を維持することはますます難しくなっている。たとえば、ＥＵ圏内の移住者が移住先の福祉国家に福祉を求めることが、イギリスで政治的緊張の種となった経緯を考えてみればよい。東欧からの移民労働者や「給付目当ての移住者《ベネフィット・ツーリスト》」についての話は世論を騒がすスキャンダルとなり、反ＥＵ感情をあおったのだった。

別の観点から見ても、福祉国家がいま稼働している文化的状況は、一九四〇、五〇年代とは異なっている。戦後生まれは、大恐慌や第二次世界大戦を生き抜いた両親世代とはほとんど似ても似つかぬ価値観、嗜好、期待を持つようになった。保障のある職や右肩上がりの賃金が数十年にわたって続いたことで生まれた比較的裕福な中間層は、共同的な集団保護の必要性をあまり感じなかったし、サービスや給付の質にたいする期待値は高かった。福祉国家が期待外れに終わったところがあると、裕福な労働者は民間セクターに乗り換え、福祉制度にたいする支持を取り下げるようになり、福祉の財源のために税金を払うことに前より乗り気ではなくなった（アメリカの下院議長ティップ・オニールが不満を述べたように、「わたしたち民主党は、数百万人を貧困状態から救い上げ、快適な暮らしを送ることができるようにしたが、そのような人びとが共和党支持者になれるほどにうまくいきすぎてしまった！」）。中間層からの決定的な支持を保持することができたのは、高水準の給付や質の高いサービスを維持しようと福祉国家が腐心したところだけだった。

アメリカの実業家ヘンリー・フォードは、一九二二年、「お客様にはどのお色のお車もお買い上げいただけます、ご所望のお色が黒であるかぎり」と述べた。フォーディズムが前提としたベーシックで標準化された嗜好は、時を経て、多様化の進んだ個人社会の多彩な嗜好やライフスタイルに取って代わられた。不況、総力戦、戦後の緊縮財政が、「わたしたち全員がともに同じ境遇にある」と教えたところで、数十年にわたる平和と好況が目の当たりにしたのは、再び表面化した社会の断片化であり、希薄化する共同主義的な気風《エートス》だった。この強固な個人主義を育んだのは、消費資本主義である。すなわち、消費資本主義による市場の細分化であり、広告戦略であり、ライフスタイルの選択や個性の表現の強調である。しかしながら、このような個人主義は、福祉国家が作り出したものでもあった。というのも、福祉国家は家族や周囲にたいする個人の依存を減らし、福祉国家がなければ不可能であった自律や選択を提供したからである。矛盾しているように聞こえるかもしれないが、福祉国家は個人主義を拡散する強力な媒体であった。

WS1.0は、「工業労働者」、「一般男性」、「平均的家族」のニーズに応える設計になっていた。その稼働レベルは国単位の集合体――国民経済、マクロ経済的プロセス、人口全体――であり、そのおかげで、規模の利点に加えて、大規模なリスク・プーリングや均一な運営の利点を引き出したのだった。WS1.0が対象としたのは、「被用者」、「家族」、「失業者」、「高齢の年金受給者」であり、これらの人びとは比較的同質的な集団で、そのニーズや趣向は似かよっているという想定があったからだった。戦後の福祉国家は、集合体、共通経験、集団対応の可能性を前提としていた。

重要性を増していく個人主義と社会の細分化、そして、それらが引き起こす強力な集合解体プロセスは、これらの前提を疑問に付した。社会階級の断片化、労働組合や政党の衰退、家族やコミュニティの不安定化も、同じように作用した。たとえば、「失業者」というカテゴリーはもはや、失業中で、男性で、一家の大黒柱である人びとで構成された比較的同質的な集団を意味しない。いまや、「失業者」カテゴリーには、不完全就業者、パートや非正規労働者、仕事が見つからないという理由で留年したり早期退職したりする者、就労不能とみなされてはいるが実際は失業中にすぎない者、長期失業者、転職のための一時的失業者が含まれている。十把一絡《ワンサイズ・フィッツ・オール》げな給付はますます的外れなものになっているし、そのような給付と関連した技術である包括的なリスク・プーリングや共済化にしても、同じく的外れになっている。社会プログラムは、もっと個別化され、具体的な個人一人ひとりの状況や境遇にもっと寄り添ったものになる必要があった。集団＝共同化という長期的プロセスは、個体化という新たなプロセスによる揺り戻しをうけており、福祉国家は逆流に捕まっている。

新たな社会的リスク

高齢化する人口は、年金、ヘルスケア、ソーシャル・サービスのコストを上げる。失業率の上昇は、給付にたいする需要を高め、歳入を減らす。家族の解体やシングルペアレンツの子育ては、貧困状態にある女性や子どもの数を増やす一方で、家族ネットワークによる私的福祉を減らす。例を挙げればきりがない。しかし、これらのコスト圧力は深刻ではあるものの、それ以上に根本的な困難は、今日の不安定な労働市場と不安定な家族が、旧態依然な福祉国家では対応できない新たな社会的リスクを生み出していることである。

福祉国家は、精巧に作り上げられた実効的なリスク・マネジメント機構《マシーン》だが、今日、設計段階では想定していなかったリスクにみまわれている。労働市場のリスクにたいするWS1.0の対応策は、完全雇用の促進と社会保険の提供であり、そこからこぼれ落ちてしまう者を対象とした社会扶助だった。新たな現象である長期失業状態、不安定な雇用形態、流動化する家族は、社会保険の限界を明るみに出し、福祉形態としては周縁的なものだった社会扶助をますます中心的なものに変化させている。それと同時に、世界金融危機を受けて、大量失業といった旧来的な社会的リスクも再登場し、標準的な社会保険でどこまで対応できるのかが試されることになった。福祉国家が今日直面している難題とは、新たな社会的リスクに対応する政策を展開し、それと並行して、旧来的な社会的リスクをマネジメントする能力を刷新することである。それは、WS2.0による新自由主義的改革がほとんど手をつけなかった難題である。

それでは、これらの新たな社会的リスクはいったいどのようなものなのか。影響を受けるのは誰か。対応策となる新たな政策は何か。新たな社会的リスク群の第一は、今日の労働市場の二重苦を招く不安定な性質に由来するものであり、以下はすべてその具体例である。長期失業と社会的排除、不充分な保障しかないパートタイムや非正規労働、年金受給額を日減りさせるキャリアの中断、手持ちのスキルがキャリアなかばで時代遅れになること、「ワーキングプア」状態（正規雇用でありながら、貧困水準の賃金しか稼げていない状態）。第二のリスク群は、家族形態、ジェンダー関係、人口、移住における変化に起因するものであり、以下のものが含まれる。シングルペアレンツ、離婚、貧困生活を送る子ども、チャイルドケアを得ることや仕事と家庭のバランスを取ることが難しいと感じている共働き世帯やワンオペのワーキングマザー、集中支援を必要とする超高齢者、社会的にも文化的にも排除を受けている移民。

新たな社会的リスクの影響を誰よりも受けている人びとは、ほとんど組織化されておらず、労働組合には属していないし、政治力はほとんどなく、WS1.0もWS2.0もミスマッチである。これらの集団がさらされているリスクには、周縁化や社会的排除に加えて、貧困化がある。福祉国家は、社会生活のメインストリームから切り離されているだけではなく、経済的機会とも縁がない大集団にますます直面している。

WS3.0へ

新たな社会的リスクに促されて提出された抜本的な改革案――資本にたいするグローバル・

タックス、最低所得保障、全新生児への元本出資《キャピタル・エンダウメント》スキーム、ヨーロッパ福祉国家の創出、ブレトン・ウッズ体制の再建――は、今日の政治環境のなかでほとんど影響力を勝ち得ていないものの、新たな可能性の地平を提供しており、強力な社会アクターの支援や大衆の支持を集める改革運動の効果的な動員があれば達成されないともかぎらないものをまざまざとわたしたちに思い出させる役割を担ってはいる。こうした抜本的な改革案に代わって、メインストリームの政策アジェンダを支配するようになった主題とは、社会投資（人的資本を高め、生産性を上げ、労働市場への参加を増やすことで、社会政策を生産につながるファクターに変える）、個別化（多様な集団や個人のニーズによりよくフィットする、より多彩で、よりカスタマイズされた介入を採用する）、ジェンダーへの配慮（女性や子どもに特有のニーズに応える政策を促進する）、そして、これらに加えて、年金やヘルスケアの今後の支払い能力を確保しなければならないという現在進行形の懸案がある。

社会投資はいまや世界中の福祉レジームの公式目標だが、その筆頭にくる形態として知られているのは、労働市場の活性化である。消極的な福祉国家は、長期失業者に失業給付金を払い、実質的には社会的排除に資金を費やすことになるが、活性化政策はそれとは違うものであり、人びとが労働市場に戻るのに必要な支援を提供し、非標準的な職を持続可能なキャリアにつなげられるようにする「社会の架け橋」を築くことを目指す。これらの政策の核心にあるのは、人的資本を増やし、個人のスキルや就業可能性を拡大し、就業にいたる道のりに立ちふさがる障害を取り除くことである。現在使用されている手段には、継続教育、職業訓練・再訓練、スキル・ディベロップメント、職業体験プログラム、職探し支援、職創出スキーム、公共セクター職の提供がある。これらのさらに先を行く関連策である「勤労所得税額控除(EITC)」は、低賃金の被用者に補助金を出し、ワーキングプアを貧困状態から救いあげようとするものである。EITCはアメリカとイギリスで採用され、一定の成功を収めているが、他国は採用に乗り気ではない。非生産的な雇用主に補助金を与え(一九世紀のスピーナムランド制度のように)、労働者のスキル向上のインセンティブを殺ぐことになるのではないかと危惧しているからである。

ポスト工業時代の保障

人びとを就業に導くだけでは片手落ちであり、福祉国家はかつての取り決めを作り変え、WS1.0の想定する労働市場とはもはや別物の再編された労働市場にフィットするように、適応させなければならなかった。新たな目標として掲げられたのは、持続的な正規雇用に就いている労働者だけが加入できる社会保険を作ることではなく、社会保障の柔軟性を高め、非標準的な雇用契約で働いている人びとにまで社会保障を拡大することである。パートタイムや非正規(またはワークシェア)で働く人びとに保険や雇用保護を提供することで、柔軟な労働市場の不安定さを軽減し、安全や保障を高めることができる。それに、こうした「フレキシキュリティ」〔柔軟性《フレキシビリティ》と安全・保障《セキュリティ》を組み合わせた造語〕にもとづく取り決めは、雇用規制緩和の実行可能性を高め、有期雇用契約を促進することで、雇用創出を奨励する。新たな指導原理は、柔軟性と個別化である。十把一絡げ《ワンサイズ・フィッツ・オール》な一律支給ではなく、個々人に合わせた扶助である。

　労働市場や人口における変化によって、年金改革もまた世界中の政府のアジェンダに加えられた。年金スキームを今日の多様化した非標準的な雇用パターンに適応させるには、さらなる包括性が必要になるだろう。パートや非正規労働者を年金に加入させ、保障対象を、子育てや親族介護を無給で行っていたり、そのために一時離職したりする人びと（その圧倒的多数は女性である）にまで広げなければならなくなるだろう。その一方で、人口予測や悪化の一途をたどる従属人口指数に対応するために、現行スキームの保険数理状態の改善が試みられている。ヘルスケアやソーシャルケアのコストにしても似たような影響を受けており、精査にさらされている点も同じである。

　年金改革は高度に政治的なものであり、主要な改革案は例外なく強固な反対にみまわれる。退職年齢を引き上げることはできるが、いまより長く拠出金を支払い、給付を受けられる年数はいまより短くなることを労働者に求めなければならなくなる。この案が断行されれば、直ちに大幅な節約となるが、その代償をひっくるめて押しつけられるのは高齢の労働者層、経済的に可能になればすぐにでも退職したいと大多数が思っている層である（多くのヨーロッパ諸国の法定退職年齢は現在六五歳だが、実際の平均退職年齢は五八歳か五九歳である)。これにたいする代案は、保険料の一律引き上げ——直撃を受けるのは低賃金労働者だろう——または、高所得の被用者の保険料負担の引き上げ(たとえば、保険料の徴収対象となる収入区分をなくす、保険料の累進税率をいちじるしく引き上げる)だろう。第三の案は、年金給付の削減だが、多くの国の高齢者が基本所得を年金に頼っている。たとえば、アメリカ合衆国では、高齢者人口の下から四〇パーセントは、所得の八三パーセントを社会保障から得ている。

現代の社会政策は、同性パートナーを認め、シングルペアレンツに支援を提供し、高齢者対象のソーシャル・サービスを改善することによって、変わりゆく家族形態に適応しつつある。しかしながら、現在の政策変更の主な狙いは、もっと女性に寄り添ったアプローチを進めること——いまより多くの女性の職場参加を可能にする(それによって福祉国家の歳入を増やし、従属人口指数を下げる)、そして、子どもを育て、充分幸せな家庭生活を築けるようにワーキングマザーを支援する(それによって出生率を引き上げ、労働力を再生産する)アプローチを発展させることである。女性に寄り添った政策には、ワーキングマザーや介護責任を引き受けている女性を対象とした支援、子育て中の年金保険料控除、有給の育児休暇、手ごろな価格のチャイルドケア、子どもが病気のときの欠勤手当がある。高齢者対象のソーシャル・サービスもまた、女性に寄り添うものだ。というのも、そのようなサービスがなければ、たいていの場合、女性が無給で介護をすることになるからである。貧困層、若年層、高齢者層、排除されている層を対象としたソーシャル・サービスの拡充も、新たな社会的リスクに対処するための方策でありえる。

新たな社会的リスクにむけた改革と福祉レジーム

新たな社会的リスクに対処するプログラムは国ごとに異なるペースで発達した。経済的改革と社会的結束についての「リスボン戦略」は、EU加盟国が協調して改革に取り組むことを奨励していたにもかかわらず、である。北欧諸国はすでに、女性を対象とする政策にしても、積極的労働市場政策にしても、高度に発達したものを持っている。スウェーデンには一九五〇年代から積極的労働市場政策があった。再訓練や就業斡旋を行い、最後の手段として、公共セクター職を提供していたのである（スウェーデンの労働力の二五パーセント以上が、政府ないしは公共セクター職に就いている）。それとは対照的に、ドイツの福祉国家はその他の保守主義的レジームの福祉国家と同じく、近年までずっと支援対象は男性労働者に偏っていたし、労働参加率や出生率は低く、失業や家族形態の変化にともなうリスクへの対応にほとんど手をつけていなかった。この点では、自由主義的レジームは保守主義的レジームより対策を講じてきたが、その政策のなかには、保護というよりも規律を目的とした方向に傾きがちなものもあったし、「ワークフェア」〔労働《ワーク》と福祉《ウェルフェア》を組み合わせた造語〕はその筆頭にくるものである。年金改革について言えば、イギリスは、長らく定年の分水嶺であった男性六五歳、女性六〇歳を、二〇三〇年代中頃までに六八歳まで引き上げていく予定で、定年年齢の男女差はそれまでに撤廃される運びになっている。アメリカでは、社会保障（Social Security）の年金給付金の満額が受給可能になる年齢が、六五歳から六七歳に引き上げられることになっている。とはいえ、繰り上げ受給は六二歳から可能ではある。

レジームのあいだのこうしたバリエーションのなかには、タイミングの問題でたまたまそうなったものもある。ポスト工業社会へのシフトは北欧諸国が先駆けとなったが、それは、福祉国家が依然として拡大を続けており、適応するにしてもさして困難ではないときのことだった。他国はポスト工業化への適応にもっと苦戦したが、それは、福祉国家が縮小する局面に入っていたときに新たな社会的リスクが出現したからである。さらに一般化するなら、次のようにも言える。新たな社会的リスクにたいする各国の反応パターンは、レジームのあいだのバリエーションに見られるお馴染みのパターン（五章で記述したもの）のうえにマッピングされる。

福祉改革の政治

国家は権力を行使するが、問題を解決しもする。第三世代の福祉国家の形成の試みは、いかにして国家が変化に適応し、過去の経験から学ぶかの事例である。しかし、テクニカルな意味での政策的解答が実質的な発展を遂げた今でさえ、変化に立ちふさがる政治的困難がある。

確立されて久しい福祉プログラムが創り出した支持層は、強力な既得利害を抱いており、自らの利となるものを失うことがあるなどとは思ってもみない。その結果、受給権を持つインサイダーは、受給権を持たないアウトサイダーと対立する。今日、多くの国で過半数の有権者が好むのは現状維持であって、もっとアウトサイダーや未来世代のためになるように現行の福祉国家を改革することではない。これらの困難を倍加させているのは、ひとつには、必要不可欠ではあるものの、痛みをともない、長い時間を要する調整に努めてみたところで、政党からすると短期的には選挙でプラスに働かないことである。もうひとつは、これらの変化のなかには、一国家の枠組みを越える必要が出てくるものがあるという事実である。

戦後福祉国家は、世界規模の資本主義と民主主義の危機の只中で、強力な社会運動の支援を受けて創り出された。今日の危機は薄く広がって、組織化されているとは言いがたい人びとがもっともその割を食っている。世界中の政府にとっての難題とは、未来志向の改革を成し遂げること、現代のリスクにたいして実効的に対処する一方で、それと同時に、経済的効率性を増大させる、改革《リフォーム》された福祉国家を創り出すことである。適応度の高い、高機能な福祉国家は、近代資本主義下の民主主義に不可欠のものだが、そのような福祉国家を築くという政治的難題は並大抵のものではない。それに、わたしたちの政治組織の断片化が進み、機能不全に陥れば陥るほど、手を組み、歩み寄ることが難しくなる。しかしながら、そのような連立と譲歩にこそ、社会政策の成否がかかっている。

第九章　なくてはならない福祉国家

本書でこれまで論じてきた歴史的、社会学的概念を要約する議論を提示して、わたしなりの福祉国家の記述を締めくくりたい。わたしが力説したいのは次の点だ。福祉国家は、わたしたちが好きなように採用したり拒絶したりしてよい政策オプションではない。いまや時代遅れになりつつある戦後史の一段階でもない。そうではなく、福祉国家は近代的統治《ガバメント》の根本的な一面であり、資本主義社会の経済のはたらきや社会の健康に絶対に欠かせないものである。福祉レジームはさまざまに異なった形態をとりうるし、その実効性には幅があるものの、何かしら実体のある福祉国家は、いかなる近代国家にとっても、生死にかかわる部分である。

もっとも手短にこの主張を行うなら、次のようになる。現代の西欧社会において、福祉国家は、古典的社会学者エミール・デュルケムが「正常《ノーマル》な社会的事実」と記述したものである（デュルケムは「正常《ノーマル》な」を、機能面で欠かすことができず、社会的健康にとって必要不可欠、という意味で使っている）。

デュルケムの提示する二つの基準を用いて、わたしたちは、任意の社会制度を正常《ノーマル》ないしは病理的《アブノーマル》に分類できる。正常《ノーマル》な社会的事実とは、（一）比較可能な発展段階に達した社会には必ず存在し、（二）そのような社会のはたらきと固く結ばれるとともに、そのようなはたらきにとって必要不可欠でもある、制度または集団《コレクティヴ》＝共同的な取り決めのことである。

福祉国家が第一の基準を充たしていることを示すのは簡単だ。どのバージョンかはさておき、工業的ないしはポスト工業的経済を持つ先進社会には例外なく福祉国家がある。新自由主義的な政策改革による福祉国家への攻撃が三〇年にわたって続いた後でさえ、第一の基準は継続的にクリアしている。アメリカ合衆国やイギリスでは、反福祉を掲げる政治が給付水準を引き下げ、申請条件を引き締め、貧困支援を様変わりさせた。反組合の立法は、労働市場における構造変化と相まって、職場の自由を減らし、所得格差を広げ、労働者階級の世帯をより無防備にした。そして、今日のイギリスとアメリカ合衆国の経済を左右しているのは、ケインズ的な需要管理というよりも、金融のコントロールや供給《サプライ》サイドへの介入のほうである。しかしながら、これらの変化は、どれひとつとして、福祉国家制度の中核にはほとんど影響を及ぼさなかった。アメリカ合衆国の社会保障（Social Security）やメディケア（Medicare）、イギリスの国民保険（National Insurance）や国民保健サービス（ＮＨＳ）は、福祉国家が新自由主義の攻撃を受けていたあいだも拡大を続けてきたし、継続的に国民からの圧倒的な政治的支持を集めている。逆境のなかでの持続というパターンであり、これは同時期のＯＥＣＤ加盟国すべてに当てはまる。今日の福祉国家は重要なところであれこれ様変わりしてはいるが、七章で示したように、そのインフラは依然として堅固であり、近代的統治にとっても、社会生活や経済生活にとっても、生死にかかわる一面であり続けている。

第二の基準のテストはずっと複雑だ。発達した資本主義社会を機能させるには福祉国家が必要不可欠であること、どうすればそれを示すことができるだろうか。福祉国家が「社会生活の根本条件と固く結ばれている」(デュルケムの言い回し)こと、どうすればそれを立証できるだろうか。

ここでわたしたちが思い出してみなければならないことがある。資本主義経済と競争的市場が持ち合わせているもののなかでも残酷なほうの部類に入るいくつかの特性、すなわち、福祉国家がそれらの影響を和らげ、うやむやにしてしまうからこそ、わたしたちが忘れてしまいがちな資本主義経済と競争的市場の特徴である。近代社会は資本主義社会である。ドイツの社会学者ヴォルフガング・シュトレークの言葉をパラフレーズするなら、近代社会とは、経済を資本主義方式でセットアップし、そうするなかで、モノの供給(人間生活が例外なく依拠するもの)という生死にかかわるタスクを、民間の経済アクター——たとえば、自社目線で算出した有用無用をベースに、資本の蓄積をめざして活動する資本主義的企業——に委託した社会である。

資本主義がおそろしく強力な生産と交換のシステムであることは、言っておかなければならない。純粋な生産性、イノベーション、ダイナミズムの点で資本主義に太刀打ちできる経済システムは存在しない。人類史において、資本主義が技術の進歩や財の蓄積に及ぼした影響は抜きん出ている。

自由市場にも長所はある。選択の余地を生み出し、情報をやりとりし、ある種の自由や平等を促進することにかけては、自由市場は特筆に値する取り決めである。ある歴史家たちを信じるなら、世界全体におよぶ交易と通商の拡大は、風俗風習を和らげ、連帯の範囲を拡げ、諸国民を文明化することに貢献したという。これらすべての点において、資本主義経済は人類のしあわせ《ウェルフェア》にとって桁外れの幸運であった。

しかしながら、経済活動システムとして、資本主義がひどく反社会的であるという実感も根深い。私的利益と市場競争の論理による経済生活のガバナンスを許容する社会は、リスクをはらんだ社会である。傾向として、そのような社会は、急速で無軌道な変化、社会にダメージを与えるような富と不平等の集中、蓄積による危機、（世界全体を巻き込むこともある）周期的な経済崩壊に陥りがちだ。資本主義社会の主要な特性とは、安定や均衡ではない。資本主義社会を安定的で均衡的なものとする経済理論の想定は無根拠であり、現実の世界経済についての事実ではない。資本主義社会の主要な特性とは、不確実、無保障、不平等、無軌道な変化であり、そのどれもが、わたしたちの社会環境や自然環境にとって破壊的な結果を生む。

マルクスとエンゲルスがずっと前に指摘したように、資本主義は、みずからが住まう社会を永久に革命化する。経済学者ヨーゼフ・シュンペーターが「創造的破壊」と呼んだものを生み出し、混乱の爪痕を残しながら進んでいく。どの時代でもこれが見て取れる。旧来的な工業セクターの破綻、一九七〇年代のオイルショック、二〇〇八年の住宅バブル、ユーロ圏の危機、世界金融危機——そのどれもが、人びとの生活に大混乱をもたらした。しかし、利益を生み出す資本主義活動は、その余波として社会的混乱をもたらしさえするのに、そのような活動をサポートする社会環境と、そのような活動を可能にする物理的インフラを要求する。社交的で、教育があり、健康な労働者を必要とするばかりか、そのような労働者を作り出すもの（とどこおりなく機能する家族、コミュニティ、学校、ヘルスケア・システム）を必要とする。資財資源の確実な供給、交通インフラ、消費者人口、安定した政治環境など、ほかにもたくさんのものが必要である（Ｂｏｘ14）。

競争的市場も私的利益の追求も、なすがままに任せておくと、これらの必要不可欠な社会的支柱を破壊してしまう傾向にある。競争的市場と私的利益の追求の傾向とは、商品化、消費、拡大、蓄積をはばむ障壁の無差別破壊である。そして、これらの資本主義プロセスが悲惨な副作用を作り出す。それは、気候、自然資源、家族生活、人口の身体的、経済的健康を現在進行形でおびやかす脅威が示すとおりである。

ふたたびシュトレークを引用すれば、市場資本主義とは、市場に逆らって市場の調停役を務めるプロセスのおかげでみずからが創り出す危険から守られている、本来的に「自己破壊的な社会編成」である。この矛盾の帰結、弁証法的と言ってよいかもしれない帰結とは、「資本主義は、自身にたいする実効的な対立の存在——必要不可欠ではあるものの、確実に存在するとい

Box 14　私的事業と社会支給

「自分ひとりの力で裕福になった人間はこの国にはひとりもいません。ひとりも、です。あそこに工場を建てた、とおっしゃる——それはおめでとうございます。しかし問題を整理してみたいのです。あなたの工場の製品を市場に運ぶときに使った道には、わたしたちの払った税金が使われています。あなたが雇った労働者の教育費に、わたしたちもお金を出しています。あなたが自分の工場で安心していられたのは警察や消防のおかげですが、わたしたちもそのためにお金を出しています。強盗団に襲撃されて工場のものをみんな持っていかれてしまうようなことを心配しなくてよいし、自衛のために人を雇わなくてもよいのは、わたしたちのほうでもそのような仕事を受け持ったからです。」

アメリカ上院議員エリザベート・ウォーレン、2011 年

う保証があるわけではないもの——に、致命的なまでに依存している」というものだ。資本主義は、自己破壊を避けるために、みずからを相殺する諸力を必要とする。そして、福祉国家とは、機能的、制度的なかたちで確立されたそのような諸力が具現化したものである。

ベヴァリッジ、ケインズ、ふたりの同時代人たちは、資本主義プロセスの生み出す不確実性、不安定性、反社会的効果を認識していた。彼らは、こうした不確定性をマネジメントし、景気の波を均し、資本主義的なリスク・テイキングが前向きに進んでいけるかもしれない集団《コレクティヴ》＝共同的な経済保障のフレーム

ワークの確立につながる装置を設計した。それ以後、市場の社会的規制、労働者の社会保険加入、ソーシャル・サービスや社会的保護の公的支給、端的に言えば、ある形態をとる福祉国家なるものは、自由市場的資本主義の本質的な随伴物である反社会的なダイナミクスや破壊的な副作用に制約をかけるものとして、確立された手段となった。

福祉国家の非凡さとは、平均化の奇跡とリスクの共同化を用いて、市場資本主義を人間にとって居住可能なものに、近代民主主義と両立可能なものにする能力にある。二〇世紀初期に始まる労働者への公民権の付与が、どのようにして、政府活動や公法の力による私有財産制の力の抑制のプロセスを意味するようになったかを、わたしたちは本書で見てきた。そして、統治の質に違いはあるとはいえ、また、不手際、腐敗、行き過ぎ、特定利害団体がもたらす影響を最小限に抑えようとするなら不断の警戒が必要であるとはいえ、過去百年の記録は次のことを示している。福祉国家による統治は、資本主義的営為の途方もない力を文明化し、民主化することができる、ということを。

これらの取り決めを批判する者たちの記述によれば、福祉国家は、経済や社会のバイタリティにたいする妨げである。しかし、本書で示した分析が示唆するのはそれとは真逆のことである。福祉国家は、そのようなバイタリティの維持《サステナビリティ》＝持続に必要不可欠な手段である。

福祉国家プログラムは、わたしが本書で指摘した理由により、本質的に問題含みであり、まったく理想的なものではない。それに、今日、福祉国家プログラムは世界中で重圧にさらされており、現状に適応した改革を必要としている。しかしながら、福祉国家プログラムは、それがなければ存在できるはずもないトラブルメーカーの資本主義経済にたいする必要不可欠な拮抗勢力でもある。ひとたびこの歴史的、社会学的真実を確立し、福祉国家プロジェクト廃止論に終止符を打つことができれば、わたしたちはもっとクリアな目線で、福祉国家制度を改善してそれを現代の社会的経済的難題に適応させるという課題に向き合うことができるのである。

訳者あとがき

福祉国家の創造者たちの拠り所は、つねに、ユートピア的幻像でもラディカルな理想でもなく、現実世界の問題の吟味であり、実際的な改善の必要性であった。
（本書一三三頁）

本書はOxford University PressのVery Short Introductionsシリーズのなかの一冊、David Garlandによる*The Welfare State: A Very Short Introduction*（2016）の全訳である。デイヴィッド・ガーランドは、犯罪学や刑罰社会学を専門とする世界的な学者であり、現在はニューヨーク大学でロースクールと社会学部で教授を務めている。

一九五五年にスコットランドで生まれたガーランドは、エディンバラ大学で法学を修め、その後、シェフィールド大学では犯罪学で修士号（一九七七年）、エディンバラ大学で社会＝法研究で博士号を取得（一九八四年）。長らくエディンバラ大学で教えたのち、一九九七年にニューヨーク大学に移る。二〇〇一年からは、アーサー・T・ヴァンダービルト（一九三七年から三九年にかけてアメリカ法曹協会の会長であり、ニューヨーク大学ロースクールの学部長も務めた人物）の名を冠した教授職についている。

処罰と社会の問題を扱った三部作 *Punishment and Welfare: A History of Penal Strategies*（1985）、*Punishment and Modern Society: A Study in Social Theory*（1990；藤野京子監訳、向井智哉訳『処罰と近代社会――社会理論の研究』現代人文社、二〇一六）、*The Culture of Control: Crime and Social Order in Contemporary Society*（2001）に加えて、アメリカの死刑制度について論じた *Peculiar Institution: America's Death Penalty in an Age of Abolition*（2010）があり、そのどれもが何かしらの学術的な賞を授けられている。共著や編著も少なくない。国際的な査読付き学術誌 *Punishment & Society* の創刊編集者であり、法学、犯罪学、社会学を専門とする多数の学術誌の編集委員に名を連ねているばかりか、英米両国でさまざまな学術団体のメンバーに選出されてもいる。

福祉国家は何ではないか、何であるか

犯罪や刑罰の歴史家にして社会学者である研究者が福祉国家についての入門書を書くというのは、意外に思われるかもしれない。しかし、福祉にたいする関心は、第二次世界大戦後に黄金時代を迎えた福祉国家の恩恵（国民保険サービス、公共住宅、無償の高等教育、完全雇用）を受けて育ったガーランドがずっと抱いていたものでもあるらしい。きわめて興味深いことに、ガーランドは最初期の論文のなかで、本書を先取りするかのように、福祉に潜む両義性――福祉は

規律化や正常化の押し付けでもある――を強調している。一九八一年に *British Journal of Law and Society* に発表された論文は次のように題されていた。「福祉制裁の誕生 The Birth of the Welfare Sanction」。

本書は、福祉国家が何であるかを精緻に論じるとともに、それが何ではないかをも丁寧に記述していく。というのも、ガーランドの関心は、福祉国家の恩恵を日々享受しながら福祉国家について漠然としたイメージしか抱いていない人々に、福祉国家の事実を明晰に提示することだけではなく、福祉国家についての誤解に基づく福祉国家反対論者に具体的で決定的な反論を突きつけることにあるからだ。だから、ここで引き合いに出されるのは、「あるべき」理想としての福祉国家ではなく、実際に「ある／あった」現実の福祉国家である。

福祉国家は、過去の遺物ではなく、現在進行形で続く連立と譲歩の産物である。

福祉国家は、経済のお荷物ではなく、経済成長を促すものである。

福祉国家の主要な受益者は、貧困層ではなく、中間層や就業者である。

福祉国家が提供する「福祉」は、狭義のものではなく、広義のものである。ミクロなレベルにおける貧困層対象の生活保護だけではなく、健康保険や年金のように国民全員にかかわるものであり、さらにマクロなレベルにおける経済活動の社会的規制を含むものである。

福祉国家は、「国家」が全責任を負うものではなく、官民、営利非営利、宗教団体やボランティア組織などを巻き込むものである。福祉国家は、福祉だけを行う国家ではなく、福祉も行う国家である。

とはいえ、このように「である／でない」をリストアップするだけでは福祉国家の定義としては不十分であるし、ガーランドの方法論的な方向性を過不足なく説明したとは言えないだろう。では、福祉国家はどのように記述すべきなのか。

本書の構成

福祉国家研究の第一人者イエスタ・エスピン＝アンデルセンは、本書を「他に類を見ない重量級の小著」と述べ、「福祉国家に多少なりとも関心を持つすべての人にとっての決定的入門書」と絶賛している。原書のバックカバーに掲載されているこの言葉には、多少の誇張やリップサービスはあるかもしれないが、本書の核心を突く的確な評である。

本書の特色は、高密度の理論的分析と、具体性と一般性のどちらをも犠牲にしない通史的記述とが、コンパクトに織り合わされているところにある。原書にしてほんの一五〇頁足らずのスペースのなかで、通時的で個別的な歴史記述と、共時的で比較論的な一般的省察とが、絶妙に重ね合わされている。

そして、本書は、社会科学の専門家による誠実な啓蒙活動でもある。社会に流布する福祉国家についての諸々の誤解を解き、福祉国家廃止論に終止符を打ち、福祉国家制度を改善して現実の社会＝経済的難題に適応させるというアクチュアルな課題に取り組むために、歴史学、社会学、比較社会政策研究の知見を広く共有しようとするのである。それはいわば、福祉国家を支持する価値中立的な学者が、それに反対するイデオローグやデマゴギーにたいして挑む知的な闘争であり、福祉国家一般について肯定的なイメージを創り出し、世論の賛同を勝ち取ろうとする説得の試みである。

ガーランドは一章で福祉国家を定義し、二章では、福祉国家をめぐる歴史的記述をその前史から書き起こしていく。そこでは、社会福祉が福祉国家に先行すること、社会福祉の人類史的な遍在性は社会生活における相互依存という事実に端を発すること、社会福祉が最初から混合的であること――道徳的であると同時に実利的、慈善的であると同時に権力的、利他的であると同時に利己的――、しかしながら、共同体単位で実践されるローカルな福祉には限界があり、近代産業資本主義がもたらす社会的大変動をマネジメントするには国家の介入が必要であったことが、イギリスにおける救貧法、スピーナムランド制度、新救貧法の事例を中心に、通史的に例証される。

一九世紀後半から二〇世紀前半を共時的に取り扱う三章は、一九世紀末から二〇世紀初頭の西欧社会において同時多発的に出現した社会保障制度が、同種の社会力学や社会状況――とくに一八九〇年代と一九三〇年代の世界的な経済不況――を背景にしていたことを確認しつつ、福祉国家の誕生が、近代社会の問題（都市化、工業化、市場化）や拘束なき市場資本主義のリスク（無保障、雇用不安、貧困化）にたいする共同《コレクティヴ》＝集団的な対抗運動であったことを論じていく。

福祉国家の誕生は、社会、政治、経済をラディカルに変容させた歴史的プロセスにたいする反応ではあるが、それと同時に、さまざまに異なった知的潮流に属する思想家や社会活動家による、一九世紀の教義であるレッセ・フェール的自由主義の根本的な問い直しでもあった。

理論的な側面が強い四章は、第二次世界大戦以降に確立された成熟した福祉国家を、五つの制度セクター——社会保険、社会扶助、ソーシャル・サービス、ソーシャルワーク、経済のガバナンス——からなる複合体（福祉国家1・0）と捉え、市場資本主義が不可避的に創り出す破壊的な帰結を、デリケートなバランス調整装置である福祉国家がどのようにして社会的に許容できる範囲に収めようとするかを解説する。共時的な側面が強い五章は、エスピン＝アンデルセンによる三つのレジーム論（社会民主主義的、保守主義的、自由主義的）をたどりつつ、そこには収まらない他の多様なレジームを描き出す。五章の裏面とでも言うべき六章は、福祉国家に投げかけられる敵対的な言辞とその三つのレトリックを冷静に解きほぐしながら、前章で描き出した多様な福祉国家が見舞われる類似の問題群を、福祉国家それ自体に起因する内在的な問題と、福祉国家の稼働する地勢である社会＝経済的な変化への適応失敗に起因する外在的な問題とに、腑分けしていく。

それに続く二章は、再び通時的な歴史記述に戻り、前二章がすでに部分的にカバーしたものを詳述していく。ブレトン・ウッズ体制の瓦解が招き寄せた一九七〇年代以降の世界経済の景気下降のなかで台頭してきた新自由主義は、戦後の拡大する経済成長が成し遂げた平等化、民主化の成果を帳消しにし、福祉国家を弱体化させ、縮小させ、市場志向型（福祉国家2・0）に作り変えた（七章）。そして、現代に追いついたガーランドの歴史記述は、ここ数十年におけるポスト工業生産への移行、グローバル化、雇用の不安定化や低賃金化、ジェンダー観や家族形態の変化、高齢化や少子化、社会の断片化が突きつける新たな社会的リスクを描き出し、これからの福祉国家（福祉国家3・0）が向き合わなければならない困難な課題を浮き彫りにする（八章）。

九章は一章に対応する一般的考察だが、ここでは、なぜ福祉国家が「なくてはならない」ものであるのかを、資本主義の本質的な破壊性や反社会性との関係で、あらためて定式化する。「福祉国家プログラムは、それがなければ存在できるはずもないトラブルメーカーの資本主義経済にたいする必要不可欠な拮抗勢力でもある」（本書二〇〇頁）。ガーランドの議論はときにアイロニーをただよわせるが、それは攻撃的でも悲劇的でもない、明るく澄んだ懐疑である。本書は、福祉国家の未来のためになすべき仕事への協働をわたしたちに呼びかけるようにして、締めくくられる。

近代的統治としての福祉国家

ここで論じられるのが、特定の福祉国家が実践する具体的な政策やプログラムというよりも、総体として捉えられた福祉国家全体であり、さらに言えば、福祉国家一般である点は、注意が必要だろう。本書は、英米を中心に据えながら、他国の事例をふんだんに取り入れつつ、福祉国家の通史を物語るが、そこでガーランドが問いかけるのは、多様で雑多な現実の福祉国家から何が言えるのか、という点である。

本書で繰り返し言及されるテーゼのひとつに、近代先進国における福祉国家の遍在性がある。

> 工業化された世界で、公的歳出のかなりの部分を吸収する高度な福祉国家装置を持ちあわせていない国家は存在しない。福祉国家レジームはきわめて多様な形態を取るし、給付の手広さや手厚さには幅がある。しかし、福祉国家の存在はあらゆる先進社会の特徴である。これは重大な意義を持つ社会的事実だ。（本書一四頁）

具体的な形態における差異、具体的な実践におけるグラデーションはあるにせよ、福祉国家の存在は近代社会の常態である。それは、福祉国家に反対する者、福祉国家不要論を唱える者にたいして、ガーランドが繰り返し突きつける事実である。

しかし、本書の議論はここからさらにもう一歩踏み込む。現実に存在するさまざまな福祉国家は、共通の基盤のうえに立っており、同一の問題系に位置付けることが可能である。「構想、制度、それらを実践する技術の三つからなる特定の組み合わせ」（本書一七頁）である「統治権力を行使するさいの特定の様態」（本書一六頁）が、近代福祉国家の共通の基盤をなす、とガーランドは主張する。

「統治」は本書の最重要キーワードのひとつである。フランスの哲学者ミシェル・フーコーがコレージュ・ド・フランスでの講義（一九七七―七八年度の「安全・領土・人口」と一九七八―七九年度の「生政治の誕生」）のなかで提唱した分析概念であり、英語圏のアカデミズムにおいては、一九九一年に出版された *The Foucault Effect* が「統治性」を広める上で大きな役割を果たしたというのが定説だが、ガーランドが本書に先立って二〇一四年に *European Journal of Sociology* に発表した論文「福祉国家――近代統治の根本的一面 The Welfare State: A Fundamental Dimension of Modern Government」で論じるところによれば、この方法論的選択は、上記のフーコーのテクストだけではなく、マックス・ウェーバーの「職業としての政治」が下敷きになっている。

国家もまた、その活動内容から考えていったのでは、社会学的に定義することはできない。どんな問題であれ、まずたいていの問題は、これまでどこかでどの政治団体かが一度は取り上げてきたと考えられるし、といってこれだけは、いつの時代でも百パーセント……国家……の専売特許だった、と断言できるような、そんな問題も存在しない。むしろ近代国家の社会学的な定義は、結局は、国家を含めたすべての政治団体に固有な・特殊の手段……に着目してはじめて可能になる。（脇圭平訳『職業としての政治』岩波書店、八―九頁）

ガーランドがウェーバー＝フーコーから受け継ぐのは、「目的」や「意図」ではなく、それらを実践し実現するために用いられる「手段」の固有性のほうから対象を定義しようという問題意識である。ここで前景化されるのは、「なぜ Why?」ではなく、「どのように How?」である。

福祉国家を定義するうえで「手段」のほうに焦点をシフトさせるのには理由がある。もし福祉国家をその「目的」や「意図」から定義してしまえば——たとえば、「国民に福祉を提供するため」というように——、福祉国家は同語反復的なものになってしまう。まったく福祉を提供しない国家など存在しないからだ。福祉は提供するが「福祉国家」という名で呼ばれるには至らない国家を区別するには、福祉がどのようにして提供されるのか——たとえば、どのような制度によって、どのような財源から、どのような方法で、どのような対象に——と問わなければならない。福祉国家による統治テクノロジーに特有の合理性を分節してみる必要がある。

福祉国家による統治が、超歴史的な抽象概念でも、目的論的な必然性でもなく、ある特定の歴史的時間のなかでいわば偶発的に出現した特定の実践群だとすると、その具体的な出現期はいつになるのか。そのような統治が自らを正当化し、自らを強化するメタ的な実践ないしは合理性を獲得するのはいつのことなのか。

ガーランドはこの問いに、二〇世紀初頭と答えるだろう。この返答自体は異論を招くものではない。それは福祉国家を歴史的に論じる者が重要視するターニングポイントであり、一般的には、「残余主義から普遍主義へ、非常事態のさいの一時的な救済から日常的な予防へ、私的なチャリティから公的な福祉へ」（本書八二頁）と記述される決定的な局面だからである。しかし、ガーランドによれば、ここで着目すべきは、実践面における変化ではなく、「社会保険、社会支給、経済規制という新たなテクノロジー」であり、「統治活動の対象――なにより経済と人口――の性格の捉え方における変化」、すなわち「経済と人口の全体に影響を与えるアプローチ」（同上）という新たな統治様式である。このような「統治合理性における根本的な変化」（同上）は、大恐慌以降の一九三〇年代における経済への政治的介入を経て、現代にも通底するものにほかならない。福祉国家の統治とは、一言で言えば、経済と社会のマクロなガバナンスである。

この新たな福祉国家による統治は、管理プロセスと支給プロセスを社会化し、両プロセスを全国規模で組織し、公が責任を負うものに変えた。雇用の保障、世帯所得の維持、貧困の軽減、ソーシャル・サービスの提供、不確実性の縮小――これらすべてが集計レベルで引き受けられるべき機能となり、規模の利点（大数の法則であり、チャーチルが「平均の奇跡」と呼んだもの）を制御しながら活用していった。統治対象となっていったのは、労働市場全体、工業の生産構造、国民経済（歳入、総消費、総貯蓄と総投資といった集計間のマクロ経済的諸関係として理解されるもの）であった。このように、福祉国家は、マクロ経済的でマクロ社会

> 的なガバナンスという新形態によって可能になったのである。かつては地域や民間で断片的に行われていた統治行為の「国家化」、体系化《システム》だった。かつてはボランティアやアマチュアに委ねられていた介入の専門化、日常業務化《ルーティーン》であった。（本書八四頁）

それは国家が責任を担うべき領域の拡大であるが、単なる量的な増大である以上に、質的な変化（国家による統合と再編成、専門家の創出、福祉の常態化）であり、価値観におけるシフト――個人主義から協働へ、競争から協調へ、私的行動から集合《コレクティヴ》＝共同行動へ――でもあった。福祉国家は、具体的な歴史状況に応答し、それに介入することで、わたしたちの考え方や感じ方をも変えていくものなのである。

福祉国家のミクロとマクロな効果

統治や手段、それらの実際的な機能や帰結に焦点を合わせることで見えてくることは他にもある。ひとつは、福祉制度の設計や運営にたずさわる人々、ソーシャルワークにコミットする人々が抱く利他主義や社会的連帯といった道徳的に尊い意図が、福祉国家による統治技術や統治装置が実際に果たす機能や効果とはズレてしまう可能性である（もちろん、意図は美しからぬものであるにもかかわらず、人道的で博愛的な効果を生む、という逆のケースもありえるだろう）。

福祉国家が行うミクロなマネジメントが抑圧的な効果をもちかねないことは無視できない。

たとえば、ソーシャルワークによる介入は、ケアとサポートを与えることを目的とするが、そこである特定の家族観や生活スタイルが「正常」なものと規定されてしまえば、福祉が規律にすり替わってしまうかもしれない。同じことは制度設計についても言えるだろう。ある特定のジェンダー観や労働観を「当然」のものとする制度は、そこで想定されていなかった層には利用しづらいし、そればかりか、そのような層の社会的排除のために悪用される危険をはらんでいるだろう。

価値観が多様化し、労働市場が流動化し、少子化や高齢化が進み、社会的文化的に取り残される人々が増える現代において、福祉制度を現状に適応させ、再生させていく必要があることはまちがいない。しかし、そのためには、福祉にたずさわる人々の意図や思惑だけではなく、それらがもたらしうる具体的で直接的な帰結、さらには、抽象的で間接的な影響までふくめて、わたしたちは想像力を旺盛にはたらかせてみなければならないのではないだろうか。カテゴリーとしてではなく、ひとりのかけがえのない人間として、他者と向き合うために。たとえ、完璧なシステムや完全なサービスを先取りして創り出すことは、現実的には絶対不可能であるとしても。

ガーランドの方法論的な選択は、エスピン゠アンデルセンのレジーム論を別の角度から捉え直すための契機となるかもしれない。それぞれのレジームを厳密に区別したり、エスピン゠アンデルセンが想定しなかった第四のレジームを定義したりする代わりに、すべてのレジームに共通する問題系に力点を置くことで、現実の多様性をグラデーション的にマッピングし、「福祉国家の可能性の幅」（本書九五頁）のほうに焦点を当てることができるだろう。ガーランドの系譜学的な分析（現在を明らかにするために過去にさかのぼっていく態度）は、それぞれの福祉レジームの持つイデオロギー的な効果——どのような個人観、家族像、労働形態を推進するか——が、究極的には、歴史的なめぐり合わせにすぎないことを明らかにし、福祉国家の本源的な可塑性をわたしたちに教えてくれる。複合体としての福祉国家装置の内部構造のダイナミックなバランスの変化に注目することは、福祉国家が、現実の社会や経済の歴史的な変化の影響を受けながら、それらに影響を与え返していくダイナミックな変動体であることも、わたしたちに強く意識させるだろう。

統治や手段に焦点を合わせることで、近代の福祉国家による統治を、人類史的にマクロなスケールで眺めることもできる。ガーランドがカール・ポランニーを参照しながら述べるように、福祉国家による経済ガバナンスは、経済と社会ないしは経済と道徳をめぐる拮抗関係の問題系につらなるものだ。

前近代において、経済は社会道徳的な領域と不即不離のものであり、社会が経済を包含していた。しかし、資本主義は、経済を独立した領域として社会から切り離し、そうすることで、前近代社会にはびこる上下関係や不平等を解放する契機となる。資本主義の進展は、社会と経済の包含関係を逆転させ、経済的な考え方や感じ方（たとえば、自由主義が前提とする、自由で責任ある個人）が、社会関係をも規定するようになるだろう。しかし、二〇世紀前半や中盤における福祉国家の確立は、その関係を再び逆転させ、経済はいまいちど非経済的なものによって規制されることになる。二〇世紀後半における新自由主義は、一九世紀的なパターンの再起であり、経済原理の全体化であった。

新自由主義が蔓延する現代、経済的なものは果たして社会的なものによって再包摂されうるかどうか。しかも、経済的な効率性を損なうことなく。それは、ガーランドが言うように、「並大抵のものではない」政治的難題である（同書一九〇頁）。

ラディカルでもユートピアンでもなく、プラグマティックに

わたしたちの政治組織の断片化が進み、機能不全に陥れば陥るほど、手を組み、歩み寄ることが難しくなる。しかしながら、そのような連立と譲歩にこそ、社会政策の成否がかかっている。

（本書一九〇―九一頁）

ガーランドがたえずわたしたちに思い出させるのは、福祉国家の遍在性であり、持続性であり、復元力《レジリエンス》である。ガーランドが物語る福祉国家の歴史は、福祉国家の単純な成功物語ではない。しかし、世界経済や国際情勢の浮き沈みにもかかわらず、新自由主義における執拗な攻撃

にもかかわらず、個々のプログラムの栄枯盛衰や紆余曲折にもかかわらず、福祉国家の中核は生き延びてきた。近代に出現した福祉国家による統治は、少数の特定層だけではなく、多数の中間層をこそ、ケアしてきたからである。福祉国家は、その成員の大多数にはたらきかけ、また、国家経済のマクロなガバナンスをとおして、たとえ福祉国家という装置のなかに依然として登録されていないとしても、そのすべての成員に影響をおよぼす。

とはいえ、そのために、福祉国家が理想化されることはない。福祉国家の肯定的な成果が過剰に強調されたり、福祉国家そのものが高邁なイデオロギーに祀り上げられたりはしない。それどころか、福祉国家が対症療法的なマネジメントと漸進的な改革を信条とする地味な存在であること、内からも外からも絶えず難題に見舞われるものであることを、わたしたちは何度も教えられる。しかし、だとすれば、構造的にも機能的にも不完全で不充分な社会運営装置である福祉国家は、どのように擁護されうるのだろうか。

ガーランドが、客観的な立場から、福祉国家の肯定的な機能や利点だけでなく、弱点や問題点を執拗に指摘するのは、そのような描写をとおして、何が福祉国家という機構の内在的な問題であり、何が福祉国家のマネジメント対象である現実世界に起源を求めなければならない問題なのかを、具体的に明らかにするためである。福祉国家の反対者の言説と真正面から向き合うのも、そうした主張のうち、どれが的を射たもので、どれが反駁可能であるかを、選り分けるためである。それは、福祉国家の制度設計に起因する構造的な問題、解決可能な運営や実践の問題、福祉国家単体では決して解決できないマクロ・レベルにおける経済や社会の問題を峻別することで、問題の所在を明らかにし、安易で拙速な福祉国家絶望論を退けようという試みである。

しかし、近代福祉国家の最大の矛盾が、資本主義経済の傑出した解放性や生産性を殺すことなく、その反社会的なダイナミクスや創造的に破壊的な副作用——無軌道で急激な変化、周期的な経済崩壊、富の不均衡——を制約するという、終わりのない現在進行形の試みのプラグマティズムにあることは、まちがいないだろう。福祉国家は、競争的市場と私的利益の追求という近代経済システムそれ自体のラディカルな革命をめざさない。福祉国家には、革新的なものと保守的なもの、新しいものと古いものが入り混じっている。福祉国家は、ありのままの資本主義を肯定しないが、コミュニズムをもたらすものでもない。ガーランドの議論に従えば、福祉国家は資本主義にとどまるものである、ということになるだろう。

ユートピア的ではない福祉国家がもくろむのは、経済のレベルにおいては市場資本主義を、政治のレベルにおいては近代民主主義を、持続可能《サステナブル》なものにするために、究極的には相容れないかもしれない複数の利害の連立や譲歩をいわば肯定的かつ戦略的に受け入れ、その時々の「いまここ」に即した具体的な政策を立案し、実践していくことだけである。そのために、福祉国家は、わたしたちの感性や心性にたいしてははたらきかけもするし、わたしたちのプライベートな領域にも踏み込んでくる。その意味で、福祉国家もまた、資本主義と同じように、解放と規律化の二面性を抱えたものではあるが、いまここにある世界の実質的な社会構造を温存したまま、わたしたちの心のありようや主体性だけを現実迎合的な方向に飼いならすようなものではない。福祉国家はたしかに世界とわたしたちを変え、わたしたちを助け、わたしたちをしあわせにしていくだろう。しかし、あくまでプラクティカルに、あくまでプラグマティックに。

なくてはならない「福祉国家」

福祉国家は、つねに変動する社会＝経済的な地勢で稼働する。労働市場、人口統計、世帯構造、文化的価値観、市民の期待値における変化はすべて、福祉国家プログラムにも、福祉国家プログラムについてのわたしたちの考え方にも、影響を与える。福祉国家の歯車は、変動する部品で構成されたこのような集合体と連動するようになっているからこそ、社会＝経済的な変化への適応は現在進行形の問題なのである。（二一三頁）

二〇一〇年代におけるポピュリズムの台頭は、二〇〇八年の金融危機以上に、資本主義下の民主主義のあやうさを浮き彫りにした。それに、現在わたしたちが直面しているリスクには、これまでの福祉国家が対応してきた社会＝経済的なリスクとは大きく異なるものもあるし、それらは別の適応を必要とするかもしれない。気候危機という惑星レベルの危機に対処するには、国民国家を超えるレジームが必要になってくるのではないか。わたしたちは世界レベルでの福祉統治について考えてみなければならないのかもしれない。

二〇二一年七月現在も続くコロナ禍は、皮肉なことに、福祉国家がどれほどなくてはならないものであるかを、あらためて証明する結果となったのではないだろうか。社会主義や共産主義をあれほど毛嫌いしたドナルド・トランプ前大統領でさえ、直接的な現金給付を含む超巨大な経済救済法を成立させるという政治的決断を下したことは、無数の未知のリスクに突如として襲われることがある現代世界を生き延びるには、福祉国家という必ずしも善意の代物ではない安全保障装置がなくてはならないことの、強力な証拠ではないだろうか。未曾有の事態にたいして個々人で保険をかけることは、ほとんど不可能ではないだろうか。不確実性を縮小させ、規模の利点を活かすには、何らかのかたちで、何らかのレベルで、大きな共同体が必要なのではないか。かならずしも「国家」という名では呼ばれないかもしれないそのような大きな共同体の共同《コレクティヴ》＝集団的な生の倫理について、わたしたちは深く遅い思考をめぐらせ、遠く彼方まで想像をめぐらせなければならない。

コロナ禍にたいする日本政府の経済対策は、現在の福祉国家の問題点を明るみに出したとも言える。しかしながら、それは、福祉国家の制度的な問題である以上に、運営上の問題であり、共同《コレクティヴ》＝集団的な市民感情の問題ではなかっただろうか。誰に給付金を与えるのか、どのように支給するのか、どの業界を保障するのが妥当なのか、というように。実効性や成功度において大きな違いが見られた世界各国のCovid-19にたいする福祉国家的な対応策についても、同じように考えることができるかもしれない。現代のコロナ禍は、福祉国家の絶対的な必要性、来るべき未来に向けた変容の必要性ばかりか、いまここにある福祉国家を現実の問題の速度や規模に合わせて改善していくことの急務性をも、わたしたちに思い知らせている。

編集者の竹園公一朗さん、組版の鈴木さゆみさんには、スティーヴン・エリック・ブロナーの『フランクフルト学派と批判理論』の翻訳に引き続いて担当いただいたことを、深くお礼申しあげたい。前回同様、ゲラ段階で執拗に修正をする厄介な訳者に付き合うのは、並大抵の辛抱ではなかったと推測するが、おふたりの寛容さを濫用することで、今回も納得のいく訳文を作り上げることができたように感じている。装幀のコバヤシタケシさんにも深く感謝したい。

デイヴィッド・ガーランドの『福祉国家』は、Very Short Introductionの名のとおり、入門書にふさわしい、しかしそれでいて、入門書以上の入門書になっている。それゆえ、今回は、入門書というよりも専門書に近いところがあったがブロナーの『批判理論』とは異なった翻訳戦略を選んだ。幅広い層の読者に読んでいただけるよう、平明であることをつねに念頭において訳出したつもりである。ルビの使用も最小限に控えた。原著者による注は［ ］を使い、訳注には〔 〕を用いた。

本書で頻出するwelfare state governmentは、専門書であれば「福祉国家（的）統治性」（福祉国家の枠内で実践される統治）と訳したかもしれないし、governmentに込められた「統治」と「政府」との二重のニュアンスをキープするために「統治＝政府《ガバメント》」と表記したかもしれないが、今回は学問的な厳密さよりも日本語としての読みやすさを優先し、基本的には「福祉国家による統治」と訳すことにした。ガーランド自身、本書に先立って学術誌に発表した論文では何度か使用していたgovernmentality（統治性）というテクニカルタームを本書では一度も使っていないことも考慮し、訳文をいたずらに難しくすることは慎んだ。それが果たして成功しているかどうかは、寛容なる読者の判断に委ねたいと思う。

　経済学関連の専門用語については、編集者の竹園さんの協力を仰いだ部分もある。重ねてお礼申し上げる。とはいえ、最終的な訳語選定の責任が訳者にあることは言うまでもない。誤訳や誤読についても同様である。

二〇二一年七月二十七日　静岡にて

小田透

訳者略歴

小田透（おだ・とおる）

一九八〇年生まれ。東京大学大学院総合文化研究科博士課程単位取得満期退学。カリフォルニア大学アーバイン校で博士号（比較文学）取得。静岡県立大学特任講師。主な訳書に『エマ・ゴールドマン自伝』（小田光雄との共訳）、バークマン『監獄の回想』（以上、ぱる出版）、ブロナー『フランクフルト学派と批判理論』（白水社）。

福祉国家

救貧法の時代からポスト工業社会へ

二〇二一年九月一〇日　第一刷発行
二〇二三年三月二五日　第四刷発行

著者　デイヴィッド・ガーランド
訳者 © 小田透
発行者　岩堀雅己
印刷所　株式会社理想社
発行所　株式会社白水社

東京都千代田区神田小川町三の二四
電話　営業部〇三（三二九一）七八一一
　　　編集部〇三（三二九一）七八二一
振替　〇〇一九〇・五・三三二二八
郵便番号　一〇一・〇〇五二
www.hakusuisha.co.jp

乱丁・落丁本は、送料小社負担にてお取り替えいたします。

誠製本株式会社

ISBN978-4-560-09860-8
Printed in Japan

人名索引

ら行

文献案内

包括的な概観のためには、Francis Castles, Stephen Leibfried, Jane Lewis, Herbert Obinger, and Christopher Pierson (eds.), *Oxford Handbook of the Welfare State* (Oxford University Press 2010). 古典に属する論文や現代の論考を集めたアンソロジーとしては、Christopher Pierson, Francis Castles, and Ingela Naumann (eds.), *The Welfare State Reader*, 3rd edn. (Polity 2014).

第一章　福祉国家とは何か

福祉国家についての誤解と神話については、T. Marmor et al., *America's Misunderstood Welfare State: Persistent Myths, Enduring Realities* (Basic Books 1990); John Hills, *Good Times, Bad Times* (Policy Press 2015).

本章で引用したのは、William Beveridge, *Social Insurance and Allied Services* (HMSO 1942); Richard Titmuss, *Essays on 'the Welfare State'* (Allen & Unwin 1963); T. H. Marshall, 'Citizenship and Social Class', in *Sociology at the Crossroads* (Heineman 1963). UK government spending information: <http://www.ukpublicspending.co.uk/uk_budget_pie_chart>

福祉国家の規範的な正当化の議論については、Robert Goodin, *Reasons for Welfare* (Princeton University Press 1988).

第二章　福祉国家以前

古代ローマにおける社会支給については、Paul Veyne, *Bread and Circuses: Historical Sociology and Political Pluralism* (Penguin 1992)〔ポール・ヴェーヌ、鎌田博夫訳『パンと競技場：ギリシア・ローマ時代の政治と都市の社会学的歴史』新装版、法政大学出版局、2015〕.

工業化以前の支給については、Paul Fideler, *Social Welfare in Pre-Industrial England* (Palgrave 2006);「保護者的国家」については、Michael Walzer, *Spheres of Justice* (Basic Books 1984)〔マイケル・ウォルツァー、山口晃訳『正義の領分：多元性と平等の擁護』而立書房、1999〕；イスラムにおけるチャリティについては、Amy Singer, *Charity in Islamic Societies* (Cambridge University Press 2008).

互酬性と慈善については、Marcel Mauss, *The Gift: The Form and Reason for Exchange*

in Archaic Societies (Norton 1990)〔マルセル・モース、森山工訳『贈与論　他二編』岩波書店、2014〕; Alvin Gouldner, 'The Importance of Something for Nothing', in *For Sociology* (Penguin 1975).

福祉の宗教的起源については、Sigrun Kahl, 'The Religious Roots of Modern Poverty Policy: Catholic, Lutheran, and Reformed Protestant Traditions Compared', *European Journal of Sociology* 46(1) (2005), 91–126.

イギリスの救貧法については、Lynn Lees, *Solidarities of Strangers: The English Poor Laws and the People, 1700–1948* (Cambridge University Press 2007). 19世紀アメリカにおける公的福祉については、William Novak, *The People's Welfare: Law and Regulation in Nineteenth Century America* (University of North Carolina Press 1996).

道徳経済については、E. P. Thompson, 'The Moral Economy of the English Crowd in the 18th Century', in *Customs in Common* (New Press 1993); James C. Scott, *The Moral Economy of the Peasant: Subsistence and Rebellion in Southeast Asia* (Yale University Press 1976)〔ジェームズ・C・スコット、高橋彰訳『モーラル・エコノミー：東南アジアの農民叛乱と生存維持』勁草書房、1999〕. 利他主義と福祉国家については、Richard Titmuss, *The Gift Relationship: From Human Blood to Social Policy* (Penguin 1970); Michael Ignatieff, *The Needs of Strangers* (Picador 2001)〔マイケル・イグナティエフ、添谷育志、金田耕一訳『ニーズ・オブ・ストレンジャーズ』風行社、1999〕.

19世紀のレッセフェールとそれにたいする社会的反応については、Karl Polanyi, *The Great Transformation: The Political and Economic Origins of Our Time* (Farrar & Rinehart 1944)〔カール・ポラニー、野口建彦、栖原学訳『「新訳」大転換：市場社会の形成と崩壊』東洋経済新報社、2009〕.

第三章　福祉国家の誕生

歴史的に重要なテクストや主要史料のアンソロジーとしては、Robert Goodin and Deborah Mitchell (eds.), *The Foundations of the Welfare State*, 3 vols. (Edward Elgar 2000).

一般史と比較史については、Peter Flora and Arnold Heidenheimer (eds.), *The Development of Welfare States in Europe and America* (Transaction 2005); Peter Baldwin, *The Politics of Social Solidarity: Class Bases of the European Welfare State 1875–1975* (Cambridge University Press 1990); Abram De Swaan, *In Care of the State: Health Care, Education, and Welfare in Europe and the USA in the Modern Era* (Oxford University Press 1988); Franz-Xavier Kaufmann, *European Foundations of the Welfare State* (Berghahn Book 2012).

「近代的社会リスク」については、William Beveridge, *Insurance for All and Everything* (The Daily News Ltd 1924).

労働運動の役割については、Walter Korpi, *The Democratic Class Struggle* (Routledge 1983). 社会民主主義の政治については、Shari Berman, *The Primacy of Politics* (Cambridge University Press 2006). 福祉国家の興隆を説明する理論の概観には、

John Myles and Jill Quadagno, 'Political Theories of the Welfare State', *Social Service Review* (March 2002), 34–57.
19 世紀の国家支給については、David Roberts, *Victorian Origins of the British Welfare State* (Yale University Press 1960); Oliver MacDonagh, 'The Nineteenth-Century Revolution in Government: A Reappraisal', *The Historical Journal* 1(1) (1958), 52–67.
ニュー・リベラルや革新主義の考えについては、Stefan Collini, *Liberalism and Sociology: Political Thought in England 1880–1914* (Cambridge University Press 1983); Dan Rodgers, *Atlantic Crossings: Social Politics in a Progressive Age* (Harvard University Press 1998). 科学的チャリティについては、Gareth Stedman Jones, *Outcast London: A Study of the Relationship between Classes in Victorian Society* (Verso 2013).
アメリカの福祉国家の発展については、Theda Skocpol, *Protecting Soldiers and Mothers: The Political Origins of Social Policy in the United States* (Harvard University Press 1992); Michele Dauber, *The Sympathetic State: Disaster Relief and the Origins of the American Welfare State* (Chicago University Press 2013).
イギリスの福祉国家の発展については、Asa Briggs, 'The Welfare State in Historical Perspective', *European Journal of Sociology* 2(2) (1961), 221–58; Nicholas Timmins, *The Five Giants: A Biography of the Welfare State* (Fontana 1996).

第四章　福祉国家 1.0

隠れた福祉国家については、Christopher Howard, *The Hidden Welfare State: Tax Expenditures and Social Policy in the United States* (Princeton University Press 1997); Jacob Hacker, *The Divided Welfare State: The Battle over Public and Private Social Benefits in the United States* (Cambridge University Press 2002).
社会保険については、Jochen Clasen (ed.), *Social Insurance in Europe* (Policy Press 1997); Daniel Shaviro, *Making Sense of Social Security Reform* (Chicago University Press 2001). 社会扶助については、Linda Gordon, *Pitied But Not Entitled: Single Mothers and the History of Welfare* (Harvard University Press 1994); Michael B. Katz, *In the Shadow of the Poorhouse: A Social History of the Welfare in America* (Basic Books 1996). ソーシャルワークとソーシャルコントロールについては、Jacques Donzelot, *The Policing of Families* (Hutcheson 1980)〔ジャック・ドンズロ、宇波彰訳『家族に介入する社会：近代家族と国家の管理装置』新曜社、1991〕. 経済マネジメントについては、Peter Hall, *Governing the Economy: The Politics of State Intervention in Britain and France* (Polity Press 1986); Jim Tomlinson, *Public Policy and the Economy Since 1900* (Oxford University Press 1990); John L. Campbell, J. Rogers Hollingsworth, and Leon N. Linberg (eds.), *Governance of the American Economy* (Cambridge University Press 1991).
福祉国家の経済学については、Nicholas Barr, *The Welfare State as Piggy Bank: Information, Risk and Uncertainty* (Oxford University Press 2001)〔ニコラス・バー、菅沼隆監訳『福祉の経済学：21 世紀の年金・医療・失業・介護』光生館、2007〕.

福祉国家と資本主義については、Wolfgang Streeck, 'Beneficial Constraints', in J. Hollingsworth et al. (eds.), *Contemporary Capitalism: The Embeddedness of Institutions* (Cambridge University Press 1997); Peter Svenson, *Capitalists Against the Markets: The Making of Welfare States in the United States and Sweden* (Oxford University Press 2002).

第五章　多様性

福祉国家レジームの比較については、Francis Castles (ed.), *The Comparative History of Public Policy* (Polity 1989); Gøsta Esping-Andersen, *The Three Worlds of Welfare Capitalism* (Polity Press 1990)〔エスピン゠アンデルセン、岡沢憲芙監訳『福祉資本主義の三つの世界：比較福祉国家の理論と動態』ミネルヴァ書房、2001〕; Emanuele Ferragina and Martin Seeleib-Kaiser, 'Welfare Regimes Debate: Past, Present, Future', *Policy and Politics* 39(4) (2011), 583–611.

資本主義政治経済学の比較については、Peter Hall and David Soskice (eds.), *Varieties of Capitalism: The Institutional Foundations of Comparative Advantage* (Oxford University Press 2001)〔ピーター・A・ホール、デヴィッド・ソスキス編、遠山弘徳ほか訳『資本主義の多様性：比較優位の制度的基礎』ナカニシヤ出版、2007〕.

スウェーデンの福祉国家については、Bo Rothstein, *The Social Democratic State: The Swedish Model and the Bureaucratic Problem of Social Reforms* (University of Pittsburg Press 1996); Hugh Heclo, *Modern Social Politics in Britain and Sweden* (ECPR Press 2010); John Pontusson, 'Once Again a Model: Nordic Social Democracy in a Globalized World', in J. Cronin et al. (eds.), *What's Left of the Left?* (Duke University Press 2009).

ドイツの福祉国家については、Wolfgang Streeck, *Re-Forming Capitalism: Institutional Change in the German Political Economy* (Oxford University Press 2009); Franz-Xavier Kaufman, *Thinking About Social Policy: The German Tradition* (Springer 2014).

アメリカの移行期の福祉国家については、Steve Fraser and Gary Gerstle (eds.), *The Rise and Fall of the New Deal Order 1930–1980* (Princeton University Press 1989); Premilla Nadasen, Jennifer Mittelstadt, and Maris Chappell, *Welfare in the United States: A History with Documents 1935–1996* (Routledge 2009).

イギリスの移行期の福祉国家については、Margaret Jones and Rodney Lowe, *From Beveridge to Blair: The First Fifty Years of Britain's Welfare State* (Manchester University Press 2002); Howard Glennerster, *British Social Policy: 1945 to the Present*, 3rd edn. (Blackwell 2007).

政策変化のパターンについては、Peter Hall, 'Policy Paradigms, Social Learning, and the State', *Comparative Politics* (1993), 275–96; Kees van Kersbergen and Barbara Vis, *Comparative Welfare State Politics: Development, Opportunities and Reform* (Cambridge University Press 2014).

ヘルスケアの多様性については、T. R. Reid, *The Healing of America: A Global Quest*

for Better, Cheaper and Fairer Health Care (The Penguin Press 2009). ソーシャルワークの多様性については、Christopher Jewell, *Agents of the Welfare State: How Caseworkers Respond to Need in the United States, Germany and Sweden* (Palgrave 2007).

アメリカとヨーロッパのコントラストについては、Jonas Pontusson, *Inequality and Prosperity: Social Europe versus Liberal America* (Cornell University Press 2005); Peter Baldwin, *The Narcissism of Minor Differences: How America and Europe are Alike* (Oxford University Press 2011); Bruce Western and Katherine Beckett, 'How Unregulated is the US Labor Market? The Penal System as a Labor Market Institution', *American Journal of Sociology* 104(4) (1999), 1030–60.

第六章　問題点

反動的なレトリックとその使用については、Albert Hirschman, *The Rhetoric of Reaction: Perversity, Jeopardy, Futility* (Harvard University Press 1991)〔アルバート・O・ハーシュマン、岩崎稔訳『反動のレトリック：逆転，無益，危険性』法政大学出版局、1997〕.

ロナルド・レーガンの「ウェルフェア・クイーン」話については、Josh Levin, 'The Welfare Queen', *Slate* 19 December 2013.

右派からの批判については、John Goodman, Gerald Reed, and Peter Ferrara, *Why Not Abolish the Welfare State?* (National Center for Policy Analysis 1994); Daniel Patrick Moynihan, 'How the Great Society Destroyed the American Family', *The Public Interest* 108 (1992) 53–64; George Gilder, *Wealth and Poverty* (Basic Books 1981)〔ジョージ・ギルダー、斎藤精一郎訳『富と貧困：供給重視（サプライ・サイド）の経済学』日本放送出版協会、1981〕.

左派からの批判については、Claus Offe, *Contradictions of the Welfare State* (MIT Press 1984); Linda Gordon, 'What Does Welfare Regulate?' *Social Research* 55(4) (1988), 609–30; Frances Fox Piven and Richard Cloward, *Regulating the Poor: The Functions of Public Welfare* (Vintage 1993).

フェミニズムからの批判としては、Nancy Fraser, 'Women, Welfare and the Politics of Need Interpretation', *Hypatia* 2(1) (1987), 103–21; Nancy Fraser and Linda Gordon, 'A Genealogy of Dependency: Tracing a Keyword of the U.S. Welfare State', *Signs* 19(2) (1994), 309–36.

福祉国家の政治学については、Martin Gilens, *Why Americans Hate Welfare: Race, Media and the Politics of Antipoverty Policy* (University of Chicago Press 1999); Christopher Jencks, *Rethinking Social Policy: Race, Poverty and the Underclass* (Harvard University Press 1992); Mary Bane and David Ellwood, *Welfare Realities: From Rhetoric to Reform* (Harvard University Press 1994); Karen Gustafson, *Cheating Welfare: Public Assistance and the Criminalization of Poverty* (New York University Press 2012); Andrew Gamble, *Will the Welfare State Survive?* (Polity 2016).

福祉国家と再分配については、Julian LeGrand, *The Strategy of Equality: Redistribution*

in the Social Services (Routledge 1982); John Hills, *Inequality and the State (Oxford University Press 2005).*

第七章　新自由主義と福祉国家 2.0

リバタリアニズムや自由市場主義からの批判については、Friedrich von Hayek, *The Road to Serfdom* (University of Chicago Press 1944)〔ハイエク、西山千明訳『隷属への道』春秋社、2008〕; Milton Friedman, *Capitalism and Freedom* (University of Chicago Press 1962)〔ミルトン・フリードマン、村井章子訳『資本主義と自由』日経BP 社、2008〕.

新保守主義からの批判については、Charles Murray, *Losing Ground: American Social Policy 1950–1980* (Basic Books 1984); Lawrence Mead, *Beyond Entitlement: The Social Obligations of Citizenship* (Free Press 1986); Margaret Thatcher, *The Downing Street Years* (Harper Collins 1993).

左派からのレスポンスについては、Fred Block et al. (eds.), *The Mean Season: The Attack on the Welfare State* (Pantheon 1987); Michael B. Katz, *The Undeserving Poor: From the War on Poverty to the War on Welfare* (Pantheon Books 1989); Tony Judt, *Ill Fares the Land: A Treatise on Our Present Discomforts* (Allen Lane 2010)〔トニー・ジャット、森本醇訳『荒廃する世界のなかで：これからの「社会民主主義」を語ろう』みすず書房、2010〕.

新自由主義とその影響については、Andrew Gamble, *The Free Economy and the Strong State* (Palgrave 1994)〔ギャンブル、小笠原欣幸訳『自由経済と強い国家：サッチャリズムの政治学』みすず書房、1990〕; Paul Pierson, *Dismantling the Welfare State: Reagan, Thatcher and the Politics of Retrenchment*, rev. edn. (Cambridge University Press 1994); David Harvey, *A Brief History of Neoliberalism* (Oxford University Press 1995)〔デヴィッド・ハーヴェイ、森田成也ほか訳『新自由主義：その歴史的展開と現在』作品社、2007〕; Daniel Yergin and Joseph Stanislaw, *The Commanding Heights: The Battle for the World Economy* (Basic Books 2002)〔ダニエル・ヤーギン、ジョゼフ・スタニスロー、山岡洋一訳『市場対国家』日本経済新聞社、1998〕; Andrew Glyn, *Capitalism Unleashed: Finance, Globalization, and Welfare* (Oxford University Press 2006)〔アンドルー・グリン、横川信治、伊藤誠訳『狂奔する資本主義：格差社会から新たな福祉社会へ』ダイヤモンド社、2007〕; Jamie Peck, *Constructions of Neoliberal Reason* (Oxford University Press 2010).

福祉改革とワークフェアについては、R. Kent Weaver, *Ending Welfare As We Know It* (Brookings Institute Press 2000); Desmond King, *Actively Seeking Work: The Politics of Unemployment and Welfare in the United States and Great Britain* (University of Chicago Press 1995); Jamie Peck, *Workfare States* (The Guilford Press 2001). Kathryn Edin and Luke Shaefer, *$2 a Day: Living on Almost Nothing in America* (Houghton Mifflin Harcourt 2015).

民営化については、James Meek, *Private Island: Why Britain Now Belongs to Someone Else* (Verso 2014); Nicole Marwell, 'Privatizing the Welfare State: Nonprofit

Community-Based Organizations as Political Actors', *American Sociological Review* (2004), 69; Colin Crouch, 'Privatised Keynesianism: An Unacknowledged Policy Regime', *The British Journal of Politics and International Relations* 11(3) (2009), 382–99.

ニュー・パブリック・マネジメントについては、John Clarke and Janet Newman, *The Managerial State: Power, Politics and Ideology in the Remaking of Social Welfare* (SAGE 1997); Julian LeGrand, *The Other Invisible Hand: Delivering Public Services Through Choice and Competition* (Princeton University Press 2007).

非平等の回帰については、Jacob Hacker and Paul Pierson, *Winner Take All Politics: How Washington Made the Rich Richer and Turned its Back on the Middle Class* (Simon and Schuster 2011).

福祉国家の回復力《レジリエンス》については、Paul Pierson,'Welfare State Reform Over the (Very) Long Term' <http://www.lse.ac.uk/publicEvents/events/2010/20101109t1730vOT.aspx>.

第八章　ポスト工業社会への移行：福祉国家 3.0 へ

ブレトン・ウッズ体制については、John G. Ruggie, 'International Regimes, Transactions, and Change: Embedded Liberalism in the Postwar Economic Order', *International Regimes* 36(2) (1982), 379–415.

ポスト工業主義とグローバル化については、Gøsta Esping-Andersen, *Social Foundations of Postindustrial Economies* (Oxford University Press 1999)〔G・エスピン－アンデルセン、渡辺雅男、渡辺景子訳『ポスト工業経済の社会的基礎：市場・福祉国家・家族の政治経済学』桜井書店、2000〕; Pierre Rosanvallon, *The New Social Question: Rethinking the Welfare State* (Princeton University Press 2000)〔ピエール・ロザンヴァロン、北垣徹訳『連帯の新たなる哲学：福祉国家再考』勁草書房、2006〕; Fritz Scharpf and Vivien Schmidt, *Welfare and Work in the Open Economy*, 2 vols. (Oxford University Press 2000); Gøsta Esping-Andersen (ed.), *Why We Need a New Welfare State* (Oxford University Press 2002); Stein Ringen, 'Introduction' to *The Possibility of Politics: A Study in the Political Economy of the Welfare State* (Transaction 2006).

文化的変化については、Daniel Rodgers, *Age of Fracture* (Harvard University Press 2012).

新たな社会的リスクについては、Peter Gooby, *New Risks, New Welfare: The Transformation of the European Welfare State* (Oxford University Press 2005); Giuliano Bonoli, 'Time Matters: Postindustrialization, New Social Risks, and Welfare State Adaptation', *Comparative Political Studies* 40(5) (2007), 495–520.

抜本的改革の提案については、Nancy Fraser, 'After the Family Wage: Gender Equality and the Welfare State', *Political Theory* 22(4) (1994), 591–618; Philippe van Parijs, *Real Freedom for All: What (If Anything) Can Justify Capitalism?* (Oxford University Press 1995)〔P. ヴァン・パリース、後藤玲子、齊藤拓訳『ベーシック・インカムの哲学：すべての人にリアルな自由を』勁草書房、2009〕; Bruce Ackerman and Anne Alstott, *The Stakeholder Society* (Yale University Press 1999); Anthony Atkinson,

Inequality: What Can Be Done? (Harvard University Press 2014)〔アンソニー・B・アトキンソン、山形浩生、森本正史訳『21 世紀の不平等』東洋経済新報社、2015〕; Thomas Picketty, *Capital in the Twenty-first Century* (Harvard University Press 2014)〔トマ・ピケティ、山形浩生、守岡桜、森本正史訳『21 世紀の資本』みすず書房、2014〕.

改革の提案については、Commission on Social Justice, *Social Justice: Strategies for National Renewal* (Vintage 1994); Nathalie Morel, Bruno Palier, and Joakim Palme (eds.), *Towards a Social Investment Welfare State? Ideas, Policies and Challenges* (The Policy Press 2012).

福祉改革の新たな政治学については、Paul Pierson, 'The New Politics of the Welfare State', *World Politics* 48(2) (1996), 143–79; Giuliano Bonoli, 'The Politics of the New Social Policies: Providing Coverage against New Social Risks in Mature Welfare States,' *Policy and Politics* 33 (2005), 431–50.

第九章　なくてはならない福祉国家

ノーマルな社会的事実については、Emile Durkheim, *The Rules of Sociological Method* (Orig. 1897; Palgrave 2013)〔エミール・デュルケーム、菊谷和宏訳『社会学的方法の規準』講談社、2018〕. ノーマルな社会事実としての福祉国家については、David Garland, 'The Welfare State: A Fundamental Dimension of Modern Government', *European Journal of Sociology* 55(3) (2014), pp. 327–67.

エリザベス・ウォーレンの引用については、<http://www.dailykos.com/story/2011/09/20/1018700/-Warren-Tells-It-Like-it-Is-No-One-in-This-Country-Got-Rich-on-his-Own>.

資本主義については、Joyce Appleby, *The Relentless Revolution: A History of Capitalism* (Norton 2010); Joseph Schumpeter, *Capitalism, Socialism and Democracy* (Routledge 1942)〔シュムペーター、中山伊知郎、東畑精一訳『資本主義・社会主義・民主主義』東洋経済新報社、1995〕; Karl Marx and Friedrich Engels, *The Communist Manifesto* (Orig. 1848; Verso 2012)〔マルクス、エンゲルス、大内兵衛、向坂逸郎訳『共産党言』岩波書店、1971〕; Wolfgang Streeck, 'How to Study Contemporary Capitalism', *European Journal of Sociology* 53 (2012), 1–28.

図版

1 The women's dining room, St Pancras Workhouse, London (1897) Getty Images/Hulton Archive

2 'The dawn of hope'. National Insurance against sickness and disablement, *Liberal Publication Department* (1911) © The British Library Board, 08139.c.97, leaflet no.2383

3 The diffusion of income maintenance programmes From H. Heclo, *Modern Social Politics in Britain and Sweden*. With permission from ECPR Press

4 Soup kitchen in Chicago during the Great Depression (1930) Getty Images/Rolls Press, Popperfoto

5 'Here's to the brave new world'. Cartoon by Illingsworth, *Daily Mail*, 2 Dec. 1942 © Solo Syndication. Images supplied by Llyfrgell Genedlaethol Cymru / National Library of Wales

6 'Full employment in a free society', by William Beveridge (1944) Marco Simola/Photographers Direct

7 'More security for the American family'. *Social Security Board poster* (1939) Mary Evans/Everett Collection

8 Gross public and net total social spending, as percentage of GDP, at market prices, 2009/10 Data taken from OECD, Social Expenditure database (SOCX) <http://www.oecd.org/social/expenditure.htm>, 2009/10

9 Percentages of Population in Eight Countries with Disposable Incomes Less than 1/2 the National Median Chart based on 'Public Policy, Economic Inequality, and Poverty: The United States in Comparative Perspective,' by Timothy M. Smeeding in 89 *Social Science Quarterly* 955 (2005)

10 Striking miners and police during the 1984–5 British miners' strike, Bilsten Glen Colliery, Scotland Tophams/TophamPicturepoint/Press Association Images

11 Average number of capital controls for fifteen OECD countries
From *Continuity and Change in Contemporary Capitalism*, edited by H. Kitschelt, P. Lange, and J. Stephens. With permission from Cambridge University Press

12 Income share (excluding capital gains) of the top 1 per cent in affluent democracies
From P. Pierson, 'Welfare State Reform Over the (Very) Long Term' <http://www.lse.ac.uk/publicEvents/events/2010/20101109t1730vOT.aspx>

13 Standard pension benefit, 1971–2002, in social democratic, conservative, and liberal regimes
From P. Pierson, 'Welfare State Reform Over the (Very) Long Term' <http://www.lse.ac.uk/publicEvents/events/2010/20101109t1730vOT.aspx>

14 Sickness benefit, 1971–2002, in social democratic, conservative, and liberal regimes
From P. Pierson, 'Welfare State Reform Over the (Very) Long Term' <http://www.lse.ac.uk/publicEvents/events/2010/20101109t1730vOT.aspx>

15 Unemployment benefit, 1971–2002, in social democratic, conservative, and liberal regimes
From P. Pierson, 'Welfare State Reform Over the (Very) Long Term' <http://www.lse.ac.uk/publicEvents/events/2010/20101109t1730vOT.aspx>

16 Union density, OECD, 1960–2008
From P. Pierson, 'Welfare State Reform Over the (Very) Long Term' <http://www.lse.ac.uk/publicEvents/events/2010/20101109t1730vOT.aspx>